消弭边界

幼儿园户外环境赋能与教研支持

主　编　林美津　朱小艳

副主编　白慧莉　朱　静　蔡如玉

编　委　周　倩　邓思琪　罗彩容　张清华　吕　喆　管　虹　张维东
　　　　陈敏敏　苏　颖　曲晓艳　陈燕英　付爱华　龚慧敏　安　倩

复旦大学出版社

序　言

深夜里，书桌前，一盏梦一般的灯芒，思绪如潮水般汹涌而来。在广东省珠海市，有这样一群殚精竭虑、丹心赤忱的教师们汇聚在一起，他们怀揣着对教育对幼儿的热爱和执着，用朴实的勤劳和绚烂的智慧，终于完成了《消弭边界——幼儿园户外环境赋能与教研支持》的书稿撰写。

这本书是关于幼儿园户外游戏的一次深度探索，是广东省校（园）本教研基地（珠海）项目"园本课程开发与实施研究"的成果之一，汇聚了珠海市十二所幼儿园全体教师的智慧。从项目构思到实践落地，再到凝练落笔，每一个字句都是她们亲身的经验体悟，每一页都是她们心灵的映照。书中关于幼儿园户外游戏环境的故事或许并非波澜壮阔，但它们温暖而真实，是一个个朴实守拙的幼教人在专业发展之路上所拾起的珍贵瞬间，也是一个个灵慧聪颖的幼教人在教研反思时碰撞出的智慧花火。这些故事或许平凡，却是幼儿园孩子和老师真实生活的缩影，是项目组共同的记忆。

作为一名扎根幼教领域数十年的教师、园长、教研员，我深知户外游戏对于幼儿身心发展和幼儿园课程整体性的重要意义。游戏是儿童的生活方式，也是幼儿园理应有的基本教育活动，这是所有教育工作者都认可的不易之论。尤其是亲自然的户外游戏，是幼儿成长的精神土壤，使幼儿在户外游戏中获得游戏的兴奋感、对自然的亲近感、对文化的认同感。然而，现实幼儿园课程架构的畸重室内游戏、异化户外游戏等现象，使得幼儿园户外游戏存在人与自然的隔阂、游戏区之间的"栅栏"、活动经验的孤立、人际关系的疏离、户外游戏课程的断续，其中既有空间、时间上的边界，也有经验知识、人际关系之间的边界。

大幸，作为广东省校（园）本教研基地项目（珠海）的主持人之一，多年项目研究的实践经验形成了一定的理念和成果，也汇聚起了强大的教科研团队，包括项目基地园（珠海市香洲教育幼儿园）、三所项目参与园（珠海市香洲区海前幼儿园、珠海市香洲区卓雅幼儿园、珠海市香洲区书香幼儿园[①]）以及八所项目共建园（珠海市香

---

① 原珠海市香洲区五洲幼儿园。

洲区南屏镇中心幼儿园、珠海市香洲区梅界幼儿园、珠海市金湾区红旗镇中心幼儿园、珠海市金湾区红旗镇第二中心幼儿园、珠海市金湾区安堂幼儿园、珠海高新区港湾幼儿园、珠海市香洲区喜乐幼儿园、珠海市香洲区英利幼儿园）。凭借基地项目组的平台与资源，各园教师的专业成长之路不再是踽踽独行，而是携手一群心心相连的"战友"，我们乘风破浪，开拓前进。

本书第一章从消弭边界的理念谈起，剖析了当前幼儿园户外环境中常常被忽视的"界限"及对幼儿发展、课程质量等产生的实际问题。进而介绍本书的核心观点，即呼吁创设"边界消弭"的幼儿园户外游戏环境，消弭户外游戏环境中的价值分歧、经验割裂、人际疏离、时空零碎等种种有形与无形的"栅栏"。

第二章聚焦消弭边界的环境打造实务，分节呈现沙水区、自然脏玩区、大型玩具区、光影游戏区、田园种植区、体能野战区、劳动工坊区、安静休憩区及艺术创造区的实践打造指南。凝练拔萃出区域的核心价值，详细地分析我们在一线实际工作中发现的区域常见问题，并通过图、文、表并茂的形式，力图给读者呈现一份拿到手里能看清楚、能想明白、能以较低成本复制推广的幼儿园户外游戏环境打造手册。

第三章则呈现项目组成员之间无数次"据理力争"、无数次"推翻重建"、无数次"豁然贯通"的教研精粹。系统地梳理了打造"边界消弭"的环境所依赖的师幼互动的力量、幼幼互动的力量、师师互动的力量、与环境互动的力量。

愿通过此书与诚挚的幼教人心灵相通，愿热爱儿童的我们在文字的世界里相遇相知，愿各位读者阅读愉快，也愿您在亲身实践后为本书提出宝贵的建议！

朱小艳

目　　录

第一章

理 念

—— 消弭边界的理论解释

第一节　户外游戏的普遍难题

一、人与自然的隔阂

回首我们的童年，即便只有一根小树枝、一条橡皮筋、几块石头都能玩一个下午。童年的游戏大部分与自然有关，或许是某次畅快地玩泥巴、踩水坑、挖沙子，又或许是肆无忌惮地爬树、过家家、探索自然。

放眼当下的幼儿园，近几年在政府的大力扶持与发展下，公办幼儿园数量激增，大部分幼儿园在园所建设上都遵从了安全性、适宜性、经济性、美观性、舒适性等原则，因此，园所环境干净温馨，户外区域划分更合理、硬件配套更完善，师资水平更高。但在幼儿园整体规划和建筑设计方面也有不足之处，部分园所户外活动场地狭小，硬化塑胶地面过多，缺少多样化的地表样态，自然元素很少，户外环境存在着与自然割裂的问题。部分教师对自然材料的利用也不充分，虽然在户外设置了绿化景观，但没有给幼儿提供与自然互动的机会，也无法充分利用自然环境的潜在教育价值。

二、游戏区之间的"栅栏"

幼儿园的户外环境中通常分为沙水区、建构区、艺术区、表演区……这些游戏区域之间可谓是泾渭分明，幼儿轻易不被允许"串区"玩，每件材料不能远离它的"家"，幼儿园的户外游戏场通常被物理或心理的"栅栏"划分成一个个不同的游戏区域。最常见的物理栅栏是通过围墙、绿化带或者地势的高低差等明显的物理栅栏来划分边界。心理栅栏常常是指横亘在教师和幼儿心中的所谓"区规"，虽然没有实际的围墙，但在户外游戏区域中常常制定了各种规则，有时甚至设立了不同游戏区之间的"禁区"，如"沙池禁止涂鸦""编织区禁止跑跳"等。教师通过材料投放、材料收纳规则、游戏指示牌、游戏人数限制等区域规则，来引导幼儿在特定区域内进行特定的游戏活动，以达到教育目的。幼儿也很快就感受到教师对游戏行为的引导和规范。经过一段时间的游戏，幼儿非常清楚每个区域能够玩什么游戏、应当玩什么游戏。心理栅栏在幼儿的心中树立起来后，幼儿园就从一个大大的乐园变成了一个个小小的游戏点。

三、孤立的活动经验

《幼儿园教育指导纲要》指出："幼儿园教育应遵循幼儿的人格和权利，尊重幼儿身心发展的规律和学习特点……关注个体差异，促进每个幼儿富有个性的发展。"在幼儿的眼中，生活是整体的，世界是整体的，他们不会将自己的生活分成不同领域的、零碎的知识点与面。

但我们在许多幼儿园的户外游戏区域中，可以看到各种单一、孤立的游戏设施，如滑滑梯、秋千、攀爬架等。这些游戏设施各自独立，没有有效地结合在一起，也没有形成一个有机的游戏场景。而且，游戏中教师关注的是幼儿对器械设施功能的掌握与相关技能训练，使得幼儿难以进行跨领域的学习和探索。

各个游戏区域被孤立地设置，缺乏与其他游戏区域的有机连接，导致了幼儿活动经验的割裂。例如，许多幼儿园的户外游戏区域中，常常会设置一个安静休憩区，用于幼儿在游戏间隙或疲劳时休息和放松。大多数时候幼儿在这里只是进行短暂休息、喝水或等待集体行动。实际上，安静休憩区完全可以成为一个具有整合性学习机会的场所。可以在安静休憩区提供一些绘本资料，鼓励幼儿在休息时进行与游戏相关的拓展性阅读；可以在安静休憩区提供绘画记录工具，让幼儿能够及时反馈、记录游戏经验；还可以在这里提供一些常用的科学探究工具，幼儿可以来这里找到推进游戏的支持性工具，从而将休息时间转化为学习和创造的机会。

四、疏离的人际关系

幼儿园户外游戏区域是最容易进行集体游戏、自主游戏的地方，也是最常听见欢声笑语的区域，怎么会有疏离的人际关系呢？如果想弄清楚疏离在何处，不妨先回想一个问题：户外自主游戏活动时，幼儿与教师交往的现状又如何呢？根据我们的观察，大部分师幼交往话题集中在分享游戏、告状或求助、提醒规则、指导游戏等上。在这样的情境下，师幼对话的前提是，教师和幼儿双方的角色边界非常清晰，教师此时就是管理者、教育者、主导者的角色。就像在生活中，一个人以警察、服务员、厨师等身份出现时，我们常常是与他的职能打交道，而他到底是什么样的人并不重要，此时对话双方的关系是就事论事的事际关系。

人与人的交往是心灵之间的沟通，是平等处境的对话。相信很多教师都愿意与幼儿做朋友，共同参与游戏，建立密切的人际关系，但现实是人际关系常常让步于事际关系。例如一个较为危险的游戏尝试、一次超时的游戏请求都会很快打破脆弱的平等，教师常常忍不住回到监管者的角色，强调规则或发号指令。

这或许源于教师对自身角色双重性的矛盾心理，既承担着走进幼儿内心的人际交往任务，又不得不承担安全监管等现实任务。如果教师没有真正卸下成年人的一身重担，维持着作为幼儿"好朋友"的面孔何尝不是另一种负担。

五、断续的户外游戏课程

幼儿园课程和中小学课程有很大区别。中小学课程通常是按照学科和学年划分的，通过一次又一次的课堂活动，学生在特定的时间段内学习特定的学科内容。而幼儿园课程则更加综合、全面，幼儿园课程则体现在幼儿的全部生活时空中。

然而，以正式课堂为代表的传统课程理念始终影响着幼儿园户外游戏。有些幼儿园在安排户外游戏活动时仍然用固定的时间和空间加以限制，使得幼儿只能在特定的时间段和特定的游戏区域内进行游戏。很多户外游戏活动只是短暂地进行，幼儿无法获得连续、持久的游戏体验。这种游戏时空的断续性导致了幼儿无法深入推进游戏并沉浸其中。清晰的时空边界限制了跨领域的综合活动。幼儿的学习是综合性的，他们在游戏中可以同时锻炼多方面的能力。然而，当游戏被限定了时空，幼儿便无法在不同活动之间进行自由转换，从而错过综合性学习的机会。清晰的时空边界也限制了游戏生成课程的实施，其意味着教师对游戏进行更多的控制和干预，以确保幼儿按照预定的时间和区域进行游戏，即时生成的兴趣和需求与教师的预设之间产生冲突。

第二节　边界消弭理念

"边界"一词最初指地理意义上的分野，逐渐地，这个概念被运用在日常生活中，当我们试图界定一个领域或概念时，往往会涉及边界的划定，即确定该领域的核心、延伸范围以及截止点。这个过程可能会引发激烈的争论，因为不同的人可能对边界的位置和含义有不同的理解。

边界的存在意味着差异和中断，但并不等于完全断裂，而是为了使得不同领域之间产生联系和互动。当不同领域之间存在边界时，人们会寻找彼此之间的联系和共同点，从而填平彼此之间的差异和鸿沟。边界的存在有分隔和差异的作用，但也为交流和合作提供了可能性。通过消弭边界，人们可以发现不同领域之间的联系和共同点，从而推动认知的发展。

上一节，我们探讨了幼儿园户外游戏的边界以及它的现实表现，其中，既有空间、时间上的边界，也有经验知识、人际关系之间的边界。那么，幼儿园户外游戏领域边界是否存在、如何划定、以谁为中心就是值得思考的问题。

一、消弭游戏的价值边界

在探讨游戏的价值边界问题时，我们需要关注游戏对个体成长和发展的价值。游戏的价值应该是多元且无边界的，这符合游戏价值实现的自然状态。对于教师来说，游戏可能承载着明确的教育价值，有一定的边界。然而，对于幼儿来说，游戏的价值往往仅仅在于带来快乐，没有明确的边界限制。师幼双方就形成了关于游戏的价值或目标的分歧，即幼儿游戏的价值边界。

如果我们过于强调游戏的工具化价值取向，可能会过度强调游戏的技术性和功利性，而将游戏对个人发展的真实价值推到边缘。另一方面，如果游戏的核心价值过度倾向于普遍共识的社会整体价值取向，可能会忽视包含个性化理解的价值观念，使其被边缘化。因此，教师和幼儿对于游戏的价值观念是存在差异的。

围绕着游戏区域核心价值形成了游戏的复杂的边缘领域。当前我们面临一个局限，就是太过重视游戏的技术性和教育性，把幼儿的游戏当作学习和发展的途径，却忘记了游戏在启发智慧、培养创造力和滋养精神方面的潜力。这种短视和片面的看法影响了我们对幼儿游戏的全面理解，也限制了幼儿在游戏中思考和选择的可能性。

我们需要重新审视幼儿游戏的价值边界，寻求师幼共同的价值目标。以更开放和多元的视角引导幼儿去探索游戏的深度和丰富性。幼儿园户外游戏的核心在于激发学习的无限可能性和广泛延展性，致力于最大限度地挖掘幼儿的成长和发展潜能。这种广泛的游戏价值中心关注着幼儿朝着更广阔、更深远、更弥散的方向发展。同时，专注于幼儿自身的游戏体验，不追求过度的"进步"，不强调对游戏技能的过度掌握，也不认为只要不断进步，就能达到比现在更好的状态。

幼儿眼中最有吸引力的游戏环境是怎样的呢？

首先是美。环境的吸引力和环境的美并不矛盾，反而是紧密联系的。人类从来都有追求感官刺激和美的需求，幼儿更是如此。我们的户外环境要有美感上的吸引力，并且这种美感是多元的，不仅仅是视觉，还有其他感觉的综合运用，比如高低错落的空间感，小动物或者流水的声音、不同植物的香味、流沙泥土的触感等。幼儿园需要用丰富而自然的感官刺激帮助幼儿形成多元美感。美是邀请幼儿进入游戏场的第一步。

其次是奇。建筑心理学广泛建议为幼儿设计猫耳洞，"秘密基地"或是"秘密通道"对幼儿非常有吸引力，因为它有新颖、不对称、不可预测或者是不同于认知常识的错位感，会带来一些"无用价值"，这跟游戏的"非功利"本质是完全吻合的。因此，好玩的环境也应该是这样，有许多没有用但有趣的设计，比如在小阶梯上加设一根绳子，幼儿可以"不好好走"而是玩攀绳，或是在墙壁篱笆上钻一个小孔，方便幼儿"偷偷看"，又或是设一条软梯通往幼儿平时没有去过的屋顶。奇幻特性是吸引幼儿进入游戏的另一重要因素。

二、消弭游戏的经验边界

幼儿在游戏中体验到的经验边界，其中一种是经验学科化带来的。我们有时会发现，有些知识和真理只适用于特定情况，而不适用于所有情况。我们的经验是存在边界的，这些经验和认识只在特定范围内有效，超出这个范围就不再适用。我们可以把一些知识看作一种抽象的、客观的东西，是公认的正确经验，但与我们个人的知识和经验有所不同。在认同之前，这些知识对我们来说只是潜在的资源，还不能算是我们自己的知识。

通过体验，我们的身体和自然环境、社会环境和文化背景进行互动，从中获得对知识的理解。这样，我们不断确认自己的身份和价值，形成了独特的经验。通过这个过程，我们能够打破自身经验和知识之间的隔阂，建立起个人和世界之间的联系。

但是，我们要明白，人类追求的知识和真理是无穷无尽的，而我们能体验或学习的知识和真理却是有限的。尤其是受结构主义、学科主义课程观的影响，幼儿的活动通常是按领域进行划分的，每个领域都有自己对应的学科知识，这样的划分也限制了一项活动与其他学科的联系。

另一种经验边界是经验外铄的教育观带来的。目前，幼儿游戏的内容和组织往往是根据环境布置、游戏材料的选择以及教师的引导而确定的。这些引导共同规定了幼儿可以参与哪些游戏，哪些游戏对幼儿来说并不适合。这样就为幼儿游戏经验设定了边界，限制了他们游戏体验的范围。此外，游戏材料的选择和教师的引导中所蕴含的教育理念和方法也会影响教师在游戏中对幼儿的指导和组织方式。同样，这些限制也影响着幼儿对游戏的认知和参与方式，以及他们在游戏中的体验深度。随着时间的推移，幼儿习惯性地按照教师的引导和游戏规则去参与游戏，渐渐丧失了自主选择和创造游戏的能力。在这种情况下，幼儿对游戏的认知被限制在遵循规则和完成任务的层面，为他们的游戏体验设定了边界。

创造性游戏是非常有效的跨领域学习活动。创造性游戏为幼儿提供了一个自由、开放的探索空间，让他们能够自主发现问题，并在解决问题的过程中自觉地运用各领域的经验。他们会回顾自己之前在学习和游戏中积累的知识和经验，从中汲取有用的信息，并尝试将这些知识应用到新的情境中。幼儿可能会尝试不同的方法和策略，不断尝试和失败，从而收获多种体验，他们会在游戏中不断调整和优化自己的方案，通过实践不断改进。教师应鼓励幼儿从不同角度去思考和解决问题。

三、消弭游戏的主体边界

游戏主体是参与游戏的核心角色，是游戏活动中最活跃、最能展现自我、理解游戏规则的角色。游戏主体的活动受到引导者的控制和设计，有时甚至代替了游戏主体应该拥有的主动、独立参与活动的权利。从幼儿自我发展的角度来看，幼儿游戏主体的边界也是一种保护屏障，代表着幼儿游戏的个性化步调。正是因为有了这种保护屏障，幼儿才能展现出自己的个性特征。每个幼儿都有其独特的存在方式和自身的小世界，它以其本来面貌在游戏中展现，它们是丰富而完整的，不需要外界的过度控制、干预和扭曲。可以认为，每个幼儿都以其自足而存在，这种距离不可否认地保护了幼儿的独立性和自主性。

在这种边界关系中，教师应当成为幼儿游戏和学习的合作伙伴，而不是单纯的指挥者或控制者。教师可以和幼儿一起参与游戏活动，积极与他们互动，了解他们的兴趣和需求，并根据他们的发展水平和兴趣引导他们参与游戏。同时，教师还应该给予幼儿足够的鼓励和认可，让他们在游戏和学习中感受到自己的成长和进步。在亲密关系的基础上，进行良好的沟通，建立信任关系和情感联系。这样，幼儿会感受到教师的关心和支持，更愿意主动参与游戏和学习活动，并在这种亲密而自由的游戏主体位置上形成更积极的学习态度和习惯。

亲密而自由的关系就像是朋友，朋友之间可以分享喜怒哀乐、互相帮助，但绝对是独立而自由的平视关系。

和幼儿建立友谊最简单的方式是和他们一起玩。举个例子，如果有一个小男孩喜欢足球，那就每天和他一起踢球，加入他的球队，和他聊聊今天的对手，这样很快就能成为他的"球友"。如果一个小女孩特别喜欢画画，我们可以和她一起画，邀请她画一张两人都喜欢的东西，这样很快就能成为她的"画伴"。一起玩，我们不仅能成为幼儿的朋友，或许还能重温我们童年的快乐。

除了一起玩，倾听和理解幼儿也是成为朋友的重要环节，耐心地倾听他们的担忧，理解他们的情绪，并给予鼓励和支持。幼儿是天然的游戏玩家，有时候看似他遇到了困难，但也许他只需要问候和陪伴就够了，我们传递了关心和关爱的信息，让幼儿感到自己被尊重和理解。

在与幼儿成为朋友的过程中，通常需要教师付出、关心、投入更多。然而，真正的友谊是相互的，当我们处于低谷时，我们曾经关照过的朋友也会来关怀我们，这种互相扶持和同舟共济的经历会让友谊更加稳固。因此，为了建立更真实而平等的友谊，我们不妨适时袒露自己的弱点和劣势。这并不是要让幼儿承担成人的烦恼和困难，而是让他们感受到教师也是普通人，也会面对困难和挑战。这样的坦诚能让他们感到我们之间更真实、更平等的情谊。通过分享我们的弱点和劣势，我们能够建立更深层次的信任和理解，让幼儿感受到我们是值得信赖并且可以依赖的朋友。

教师自己应当是一个能够解决问题、应对挑战的主体，有着坚定而踏实的根基，不断补充知识，让自己成为一个有趣、有见识的人。通过拓展自己的知识面，我们可以给幼儿提供更多的资源和启发，让他们在师幼交往的过程中有更广阔的视野。

四、消弭游戏的时空边界

马克思认为"时间是人类发展的空间"，每个幼儿都深深地融入特定的时空环境，与周围的人和事相互交织，共同构成了他们成长的舞台。在这个独特的舞台上，时间和空间交织交融，推动着幼儿不断展开生命的奇妙旅程。在幼儿游戏的时空边界探索中，我们必须认识到幼儿的成长环境不仅仅是有形的，更包含着无形的时空关系。

幼儿的游戏时间也常常呈现出规定性和刚性，具体表现为日程安排或活动计划，这种时间序列经过精细的划分和安排，包括每天的活动时间、每周的课程表、每个学期的学习计划等，严格规定了幼儿学习的节奏和时间序列。这样的时间安排给幼儿的活动设定了边界，限定了游戏活动在规定时空内进行，将游戏世界与生活世界有序地分隔开来。

幼儿园的空间也体现出不同程度的边界。一些幼儿园的空间被明确划分，从建筑设计到教室摆设、墙面布置等都体现出分隔感。例如，教学区和行政区可能被划分得较为独立，走廊的墙壁常常是简洁的白色，缺少装饰。而更多元、更开放的幼儿园的空间设计无论是园所建筑的形态、教室内桌椅的布局，还是墙面的装饰等，都展现出开放和自由的特点。不仅物质环境如此，幼儿园的理念、师幼的精神面貌也表现出包容、温暖的特质，让人感受到生活的真实和自然。

我们需要思考，幼儿到底在游戏中需要什么呢？其中有三点心理需求特别需要重视。

一是寻求归属感，这是一种缺失性需要。幼儿需要在户外环境中明确看到很多专属于他们的东西。比如，幼儿发现了一辆明显合适他身高的小汽车，他很快就意识到，这是给他们玩的地方；留出一定的私密空间，比如小帐篷、小树屋这类安静惬意的空间，也有助于幼儿建立对户外游戏环境的安全感和归属感。

二是发展领域感，这是一种成长性需要。幼儿园要多投放低结构材料，如一些瓶瓶罐罐、麻绳、石头之类，环境也需要降低其结构性。幼儿的生活是整体的，课程、游戏、游戏环境都应提供整体性支持，以幼儿的需要来进行分区，理想的低结构时空应该是消弭了边界的。当前许多幼儿园户外环境动辄十几个区，一个滑梯都能单列一个区域，一个大操场被划分成很多个小块，这未尝不是一种束缚。幼儿在玩耍的时候，总会被提醒这个区的常规、那个区的主题，会不会有种走进别人家客厅那种束手束脚的心理感受？消弭边界、降低环境的结构性的最大目的就是支持幼儿自由探索，运用所有目所能及的资源来实现自己的游戏需要。

建立对环境的领域感，还来自于幼儿自己的双手。我们都有一种常识，公共空间是不可以乱写乱画的，别人家当然更加不可以，只有在自己的地盘才能想"装修"就装修，想"拆掉"就拆掉。但幼儿园户外环境绝对不仅仅是一个公共空间而已，它要承载平等、开放、自由的心理氛围功能，所以教师在幼儿园户外游戏区域中，可以提供一个较为粗糙的框架，让幼儿在自我卷入、自我创生、自我完善的过程中，留下痕迹，可以是一幅画，一个手工作品，也可以是幼儿自己制定的无形的规则，形成对环境的领域感。

三是留有松弛感。幼儿需要足够的自由时间来进行游戏和探索，并确保这段时间具有一定的弹性，让幼儿有更多选择参与感兴趣的游戏活动。不过度地限制游戏时间，让幼儿在游戏中能够自主探索、体验和学习。为了让幼儿更充分地参与户外游戏，幼儿园可以适度放宽时间安排，增加游戏时间，并设置有选择性的自由游戏时间。这样，幼儿就可以根据自己的兴趣和愿望来安排游戏活动，不再受制于固定的课程安排，从而获得更多的游戏体验和学习机会。

所以，我们的户外游戏环境中，要有很多幼儿能够搬得动、挪得动的物品，也要有幼儿可决定、随心意的规矩。环境也可以是会说话的，具有归属感、领域感和松弛感的环境共同营造出开放的游戏氛围，消弭户外游戏环境中的种种"栅栏"。

第二章

环 境

——消弭边界的环境打造

第一节　沙水区

幼儿天生就是玩沙、玩水的行家，只需提供铲子、水桶等简单道具，沙水区便足以成为他们专属的游乐场。沙、水作为极具探索性的原生态游戏资源，是具有生命力的游戏区。

一、区域核心价值

在这个融操作性、艺术性、创造性、自主性于一体的区域里，沙、水在指尖流动，幼儿肆意地挖、堆、拍、垒……幼儿在沙水区的整个游戏过程自由无拘束，全然沉浸于当下，甚至忘记时间的流逝，进入一种与游戏深度融合的状态。在这个深度学习的过程中，幼儿自然而然地发展了运动机能、感知、平衡协调等各方面能力，其中，最值得注意的是以下两方面的价值。

❶ 创造性操作

沙水区提供了丰富的感官体验，幼儿可以通过触摸、玩耍和探索沙水的丰富特性，感受水的流动、泥沙的质地和温度等。丰富的材料特性提供了一个自由的创作空间，让幼儿可以自由地塑造、建造和创造。他们可以利用沙、土和水进行模型建造、雕塑、绘画等活动，激发想象力和创造力。

图 2-1-1　幼儿玩沙图

图 2-1-2　幼儿戏水图

❷ 情感调节

在沙水区，幼儿可以随意进行各种涉水、挖掘和塑造等活动，整个过程自主、自由，充分表达情感、释放压力，享受全身心投入自然怀抱的放松状态。

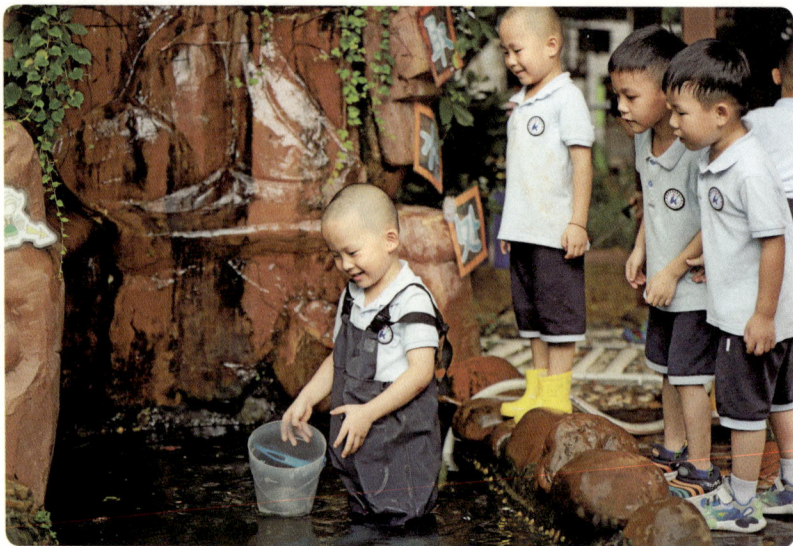

图 2-1-3　幼儿水池捕鱼

二、问题扫描

沙水区是幼儿园必不可少的区域之一，这已成为幼教从业者的共识。但空有一块"地"，却发挥不出其价值，也是幼儿园沙水区的痛点。纵观沙水游戏实施现状，相比其他区域的"教师高控"状态，沙水区多处于一种所谓"自主"的"放养"状态，不过也很难捕捉到有价值的生长点，游戏始终在低水平徘徊，主要有以下两个原因。

❶ 材料种类单一

沙水区的材料种类通常过于单一，主要集中在沙、土和水的组合上，除此之外，几乎只提供用小铲子、小桶等辅助游戏，很少添加支持幼儿玩其他游戏的材料，如美工材料、科探工具、角色扮演道具等。材料单一的沙水区很难提供更多元化的游戏体验，这种单一性可能限制了幼儿的探索和游戏的多样性，使沙水区的活动流于形式。

❷ 游戏环境单一

沙水区通常处于孤立的状态，与其他区域缺乏有效的互动和扩展。其中一个重要的现实因素是，出于卫生清洁的考虑，把沙水都限制在孤立的游戏空间中，最常见的便是一个个隔开的沙池、水池。另外，教师几乎不允许幼儿将沙子带到其他区域去玩，也要求幼儿不能将"干净"的材料带进沙水区去玩，使得沙水区的游戏元素相对单一。

这些问题，究其根本是我们未能消弭心中的边界，将沙水区看作一个个独立的小区域，认为沙区只能玩沙，水区只能玩水。实际上，沙水是具有极丰富可能性的基础材料，可以玩建构游戏、角色游戏、艺术游戏、体育游戏等。沙池、水池之间也可以相互转换，区域连通，创造出更丰富多彩的玩法。

三、环境打造指南

❶ 沙池餐厅

表 2-1-1 "沙地餐厅"打造指南

游戏点	环境选址	材料投放	游戏内容
沙池餐厅	① 近水源处，方便幼儿取水、清洗 ② 设置合适的器具收纳柜	① 厨具：锅、碗、瓢、盆、勺、杯、铲等废弃厨具 ② 家具：消毒柜、桌椅等旧家具 ③ 自然材料：石头、树叶、树枝等自然材料	① 开餐厅：沙土为食，树叶为碗，幼儿自由采用沙池材料，塑形出需要的物品，展开想象游戏 ② 沙花园：提供树枝、花束、石头等自然材料，幼儿自由选择，利用沙地的易塑特点，布置沙花园

"沙池餐厅"提供了一种沙池想象游戏的参考，当我们把各种想象游戏材料放置在沙池旁边，幼儿会自然而然地玩起各种主题的想象游戏，如沙花园、沙池建筑工地、沙滩露营等。

值得注意的是，投入丰富多样的沙池材料，客观上会加大材料清洗、整理、保存的难度。因此，打造沙池餐厅时，应结合园所的环境，配备合适的卫生清洁设施和材料收纳设施，让幼儿学会更好地整理和维护环境。

图 2-1-4 沙池餐厅

图 2-1-5 餐厅后厨忙碌中

② 微型沙水盘

表 2-1-2 "微型沙水盘"打造指南

游戏点	环境选址	材料投放	游戏内容
微型沙水盘	① 较为干净、有遮阳设施的场地 ② 设置材料收纳处，靠近记录、表征区域	① 沙盘：沙箱、沙子、水、泥土等 ② 自然材料：植物、苔藓、石头、蝌蚪等 ③ 模型玩具：人物、动物、房子、车辆、轮船、桥梁、喷泉等	① 沙水盘建构：幼儿自主使用材料建构景观，并展开想象游戏 ② 微型生态盘：幼儿实践土培、水培植物，通过透明玻璃观察植物根系，展开科学探究游戏

户外自主游戏中的微型沙水盘并不等同于心理治疗的沙盘游戏，而是作为户外大型沙水池的补充，在天气过于炎热时，可以在微型沙水盘展开沙水游戏。当然，微型沙水盘也有其独特的优势，便于幼儿快速操作和直观观察，利用这个特点可以玩水培等科探游戏。

微型沙水盘附近应投放纸、水彩笔、相机等记录材料，便于幼儿将自己的游戏思考和观察发现记录下来，进一步实现师幼讨论。

图 2-1-6 汽车主题沙盘

图 2-1-7 户外沙盘游戏

③ 沙池寻"宝"

表 2-1-3 "沙池寻'宝'"打造指南

游戏点	环境选址	材料投放	游戏内容
沙池寻"宝"	① 较为"脏"的沙池，以天然沙子为宜 ② 设置材料收纳处，靠近记录、表征区域	① 基础工具：小桶、铲子、勺子、杯子、雨鞋等 ② 寻"宝"工具：磁铁、筛子、电子秤、天平等	① 筛子寻"宝"：幼儿利用网眼大小不同的筛子，筛出不同质地的沙粒、石粒 ② 磁铁寻"宝"：幼儿利用磁铁，吸出沙池中的矿物铁砂等金属物质

细沙是由各种岩石、矿石长年累月的分裂、风化累积形成的，其中包含了沙砾、石砾等矿物小颗粒。因此，幼儿通过操作筛子和磁铁，就能够把这些神奇的"宝物"找出来。提供电子秤、天平等计量工具则可以支持幼儿进一步探索"宝物"的各种特性。

图 2-1-8 观察筛子漏沙

图 2-1-9 筛细沙"煮饭"

❹ 沙水管道

表 2-1-4 "沙水管道"打造指南

游戏点	环境选址	材料投放	游戏内容
沙水管道	① 近水源，取水方便 ② 场地开阔，有足够的空间供幼儿修建"水渠" ③ 有遮阳棚、树荫等遮阳设施	① 基础工具：小桶、铲子、勺子、杯子、雨鞋等 ② 运水：防水布、PVC管、各种不同高度的三脚架等	① 自制水池：幼儿利用油布、塑料布等防水材料，自制储水池并展开游戏 ② 渠成水到：幼儿搭建 PVC 管运水管道

图 2-1-10 恐龙版"曲水流觞"

幼儿园户外沙池对排水性能要求较高，因为沙池容易积累难清理的腐叶、石子等物，如长期积水、沃热则容易滋生细菌，产生卫生问题。因此，许多幼儿园出于卫生考虑，沙池和水源有一定的距离，幼儿游戏中需要取水的时候，就要自己想办法运一些水来，又要想办法在沙池储存水，一系列沙水管道游戏由此展开。

图 2-1-11 PVC 管引水流

❺ 水流墙

表 2-1-5　"水流墙"打造指南

游戏点	环境选址	材料投放	游戏内容
水流墙	① 近水源处，最好在水池、小溪近旁 ② 易于排水处，地势低洼，有排水渠或是下水井盖 ③ 墙面能支持灵活操作材料，如网格墙、洞洞墙等	① 活动式操作单元：塑料瓶、软水管等 ② 水压工具类：花洒、漏斗、手动压水泵、水车 ③ 运水工具类：小瓢、大可乐瓶、水桶等	① 运水接力：操作活动式塑料瓶和软水管，尝试将水运到更远的地方 ② "水往高处流"：操作花洒、压水泵、水车、U形软管等工具，尝试实现"水往高处流"

　　幼儿总喜欢用自己的方式运水，直接连通一根水管将水一滴不漏地运到目的地也许还不够有趣。那么，自主设计布置弯弯曲曲、高高低低的水流通道呢？就像水的"赛道"，让水流按照自己的心意流动。在这个过程中，幼儿可探究体验重力作用、虹吸作用、增压器原理、连通器原理等诸多有趣的水流科学现象。

图 2-1-12　水流墙

❻ 水渠漂流

表 2-1-6 "水渠漂流"打造指南

游戏点	环境选址	材料投放	游戏内容
水渠漂流	① 约 10 cm 深 的 水渠处 ② 地势低洼，易于排水 ③ 靠近戏水池等水源处	① 基础工具：雨鞋、小桶、大盆等 ② 戏水工具类：竹管、花洒、手动压水泵、水车、漂浮板等 ③ 戏水玩具类: 海洋球、小船等	① 小船漂流：幼儿运用多种材料自制小船，或乘坐漂浮板进行漂流游戏 ② 水闸工程：幼儿利用自己的身体和多种工具搭建拦水闸门，进行相关游戏

　　戏水池的建设成本较高，并且需要经常换水、维护。在条件不足的情况下，幼儿园只需要挖一条宽约 1 m、深约 10 cm 的水渠，就可以开展多种戏水游戏。浅、曲折的小水渠既能保证幼儿的游戏安全、节约成本，又可以利用活水流动的动态特点，生成更多有趣的游戏。

图 2-1-13 师幼戏水图

"沙水区"户外赋能小视频

视频 2-1-1 嘿！小池塘　　　视频 2-1-2 沙盘游戏　　　视频 2-1-3 水渠漂流

自然脏玩区

　　脏玩游戏顾名思义是有些疯狂的、有些脏乱的、有些不拘于常规的游戏。脏玩游戏是一种开放式的感官游戏，能够刺激视觉、听觉、嗅觉、味觉、平衡和运动能力的发展。实际上，脏玩游戏是一种"乱而有序"的游戏形式，它最主要的特点是给幼儿探究各式各样材料的自由。在脏玩游戏中，幼儿的全部感官将会被一种具有逻辑性和教育性的方式调动起来，他们将会用手、用脚甚至全身所有部位去感受材料的不同质地，适应不同的感觉。脏玩游戏能够支持幼儿进行这样的游戏，丰富的材料和允许幼儿充分地投入游戏的自由，让幼儿常常能够进入"心流"的游戏状态中。

一、区域核心价值

图 2-2-1　玩泥的快乐

❶ 亲自然体验

大自然是最好的老师，与大自然亲密接触是脏玩游戏最具有代表性的特点。在自然脏玩区，幼儿玩沙玩泥巴时的欢欣，观察昆虫时的专注，在草地上翻滚的投入和收集花瓣落叶时的雀跃……不拘泥于规则，幼儿能在自由的空间中随意发挥，充分享受玩耍的快乐，对自然进行多领域多角度的探索与体验。

图 2-2-2　在自然中游戏

❷ 创造性游戏

自然脏玩区开展的游戏是幼儿想象与现实生活的独特结合，它对于幼儿来说，不是简单的模仿和重复，而是对玩具、材料的使用、情节构思等方面更广阔地再造和创造，如用泥土捏塑食物、用轮胎打造花园、用颜料涂鸦墙壁等。在脏玩时刻，幼儿是游戏的主人，他们的主动性、积极性和创造性能够得到充分的发挥。

图 2-2-3　脏玩拓印

图 2-2-4　萃取颜色扎染

二、问题扫描

开启脏玩游戏，我们需要有一颗强大的心脏。无论幼儿玩成什么样，在保证安全的情况下，都不要去干涉他们。但从自然脏玩区的实施现状来看，脏玩游戏前的材料准备、游戏中的看护和游戏后的清洁都很难把握好度，需要教师、家长和园方协商交流教育理念、协调分工。

① 材料选取的限制

自然元素是最易得的脏玩材料，泥巴、昆虫、花草、树木等是幼儿天然的游戏材料。但实际上，脏玩游戏很大程度上受到成人预设的限制，材料的选取和运用更多由教师替代幼儿完成。开放性脏玩材料的缺失，使得游戏被框架和边界所束缚，限制了幼儿在脏玩游戏中的自由发挥和探索，阻碍了幼儿想象力和创造力的充分释放。

② 心理环境的束缚

户外脏脏的泥土、沙石、草地，甚至是会弄脏衣服的面粉、颜料、墨水，都是激发幼儿创造力的工具。但是一些教师和家长无法接受幼儿的脏玩，时刻要求他们保持整洁有序，这实际上是剥夺了幼儿亲近自然、探索世界的权利。

三、环境打造指南

❶ 泥巴厨房

表 2-2-1 "泥巴厨房"打造指南

游戏点	环境选址	材料投放	游戏内容
泥巴厨房	① 自然地形，如草地、树荫、山坡、河畔等地点 ② 有花草、泥巴等自然的环境	① 厨房工具类：需要用到的一切厨具、餐具、烘焙用具 ② 自然材料类：作为食材的泥巴、小石子，随处可捡拾的野草、野花和树皮等 ③ 设施器械类：流通的水池、餐桌和厨灶	① "烹饪"：通过与农耕园的结合，幼儿在农耕园摘菜，在泥巴厨房加工 ② 泥塑：幼儿运用泥土塑型 ③ 探索自然游戏，花花草草和被发现的小虫子等

　　泥巴厨房是幼儿园户外必备区角之一，又称为户外厨房或泥浆厨房。幼儿使用沙、土、水和自然物的任意组合来准备和烹饪"食物"。在这里，幼儿可以充分发挥自己的想象，与大自然亲密接触，打开探索世界的大门。泥巴厨房将幼儿的需求融入环境创设当中，投放自然、可操作的材料。幼儿用泥土、沙子、石子和水进行任意组合，来准备和烹饪"食物"，在填充、混合、搅拌、铲、采摘、捣碎、装饰中体验和探索。在温馨、自由的氛围中，幼儿与大自然互动，与泥土和树木对话，尽情游戏，激发灵感。

图 2-2-5 接地气的厨房

图 2-2-6 "丰盛的午餐"

图 2-2-7 师幼共进"午餐"

❷ 泥巴池

表 2-2-2 "泥巴池"打造指南

游戏点	环境选址	材料投放	游戏内容
泥巴池	① 靠近沙水区，方便幼儿综合运用 ② 周围有水源，便于冲洗 ③ 位置宽敞	主要材料：自然形态下的泥浆、干泥块、泥粉和湿泥巴等 辅助材料：雨衣雨鞋、铲子、小桶、木棍、小玩具、锅碗瓢盆等废旧厨具等	① 泥巴建筑师：幼儿发挥想象力建构各种泥塑造型 ② 泥巴撒野池：抓泥巴、踩泥巴、泥巴大作战等，幼儿在泥巴池里放飞自我，尽情玩耍 ③ 泥地寻宝：通过挖掘泥土坑，寻找放置的小玩具

泥巴池给幼儿提供了与大自然亲密接触的机会，提供了在泥泞、凌乱的环境中肆意玩耍的机会，能够促进幼儿全面发展。

教师应注意，夏秋季节气候适宜时，可以支持幼儿直接与泥池接触。开展脏玩游戏前通知家长，让幼儿穿不容易弄脏的衣服，与幼儿一起制定规则，预设游戏区域和材料，在设定的范围内玩，最后一起清理游戏场所。冬春季节较寒冷，则应为幼儿提供连体雨衣、雨鞋等保温防水装备，在保护幼儿身体健康的前提下任其尽情玩耍。

图 2-2-8　用泥巴糊砖

图 2-2-9　穿雨衣玩泥

❸ 脏玩颜料

表 2-2-3　"脏玩颜料"打造指南

游戏点	环境选址	材料投放	游戏内容
脏玩颜料区	① 在自然材料丰富的地方，接近花草植物 ② 周围有水源，方便幼儿运用 ③ 水池旁边，能够灵活运用戏水池的材料	① 涂鸦工具：放置颜料盆、画笔、颜料、马克笔、各种纸张若干（彩色折纸、白卡、彩色卡纸） ② 印画工具：锤子、布、袋子、废旧衣物、透明胶布、垫板 ③ 扎染工具：扎染材料、盆、橡皮筋、石头、木块、布、废旧衣物等	① 涂鸦天地：利用各种材料涂鸦 ② 拓印：幼儿用自然材料进行拓印 ③ 扎染：通过自主利用材料进行扎染

图 2-2-10　大树为画架

对于幼儿来说，"脏玩颜料"是一种轻松、愉快、易行的游戏活动，是一种不受限制的绘画形式。在这种自由自在的活动中，幼儿可以动用整个身体来尽情地表达。如用脚趾头而不是手指头画画，用胳膊肘来做泥印，甚至踩出一幅画来。当幼儿的整个身体都沉浸在游戏中时，他所有的感觉器官会共同绘制出对周围世界和自我的完整画面。在脏玩活动里，幼儿看似瞎玩，其实是在创作造型艺术，给平整的白纸加上色彩、褶皱、水纹，让它变成不同的模样。弹力球、牙刷、喷壶……都可以成为自由涂鸦的"武器"。

值得注意的是，教师要提前考虑游戏后脏乱的可能性，选择比较容易清理、打扫的场所，合作选用塑料纸等保护好墙壁地板，以便清理。

图 2-2-11　石头作画

❹ 自然采集

表 2-2-4　"自然采集"打造指南

游戏点	环境选址	材料投放	游戏内容
自然采集区	① 近花草树木方便取材的地方 ② 安静舒适、惬意、适合放松的场所 ③ 墙面能展示植物标本作品的地方	① 收集树叶花草及收纳容器：花篮、竹筐、树叶花草等 ② 压花工具：压花器、压花板、书本、过胶机等 ③ 作品展示类：展示墙、网或绳子	① 压花摆放：将收集回来的树叶或花草运用压花工具进行吸水压平、布局摆放 ② 过胶塑封，将完成的作品运用过胶机进行过胶塑封或者风干 ③ 作品展示：将作品进行粘贴展示或摆放展示

　　大自然为幼儿的游戏提供了天然的素材，色彩鲜艳的花草、形状各异的树叶，一花一草早已吸引了他们的目光。幼儿采摘喜欢的、合适的花草，时而将树叶拿在手中把玩，观察树叶的叶脉；时而将掉落的小花汇聚在一起，摆出自己喜欢的形状，这些美好的事物总能让幼儿留连忘返。

图 2-2-12　采摘葵花籽

图 2-2-13　挖蚯蚓

⑤ 昆虫旅馆

表 2-2-5 "昆虫旅馆"打造指南

游戏点	环境选址	材料投放	游戏内容
昆虫旅馆	① 地势高，避免雨天积水 ② 周边植物生长良好，并且遮阳避雨的角落	① 填充物：木头、稻草、砖头、陶瓦、竹子、干土、松果、纸筒等不同材质的材料 ② 工具：手套、铲子、锤子、锯子、小刀、剪刀、铁丝网等搭建工具 ③ 装饰物：颜料、刷子、木蜡以及一些自然物装饰	观察昆虫：了解不同填充物吸引的不同昆虫，并且近距离观察昆虫的爬行和捕食过程

图 2-2-14 昆虫旅馆

木板和瓦片可以吸引瓢虫，枯树枝可以吸引甲虫，昆虫旅馆的搭建可以提供更多的自然栖息地，引领幼儿走进自然，了解昆虫习性，唤醒幼儿对生态环境和生物多样性的保护意识。

值得注意的是，幼儿在昆虫旅馆的搭建过程中要戴好手套，在观察昆虫时要佩戴护目镜，做好必要的安全防护，避免蚊虫叮咬。

图 2-2-15 幼儿捕捉昆虫

❻ 轮胎花园

表 2-2-6 "轮胎花园"打造指南

游戏点	环境选址	材料投放	游戏内容
轮胎花园	① 游戏区域不受干扰，相对独立的"小"空间 ② 材料易取放，有收纳存放材料的空间	① 基础材料：废弃轮胎、石头、细沙、树叶、草皮等 ② 各类小型玩具：沙盘玩具、小型汽车、小型摆件、拼接乐高、小型玩偶等	① 小小种植园：在轮胎盘内种植蔬菜、花朵等，并进行浇水、采摘等日常养护 ② 想象游戏：幼儿尝试在轮胎花园的微景观环境下，发挥自己的想象与创造，以独立或与同伴合作的方式，建构脑海中奇妙而丰富的图景

　　轮胎花园是一处微景观花园。微景观是指在有限的空间内，通过细节的布置和构造，塑造出具有特定主题和表现的小型景观。幼儿拥有着天马行空的想象力及创造力，而微景观游戏能够帮助幼儿打破原有的空间布局，从而建构他们脑海中"庞大"且丰富的奇妙世界。

　　还可以在轮胎花园里种上一些真实的植物，通过废旧轮胎种花种菜，可以帮助我们充分利用资源，同时实现环保和养护的目的。幼儿二次利用废旧物品，打造出一个健康绿色和充满生机的小小花园。

图 2-2-16　轮胎种植

"自然脏玩区"户外赋能小视频

视频 2-2-1　泥巴厨房　　　视频 2-2-2　泥池

第三节 **大型玩具区**

一、区域核心价值

　　大型户外玩具主要分为以下五类：① 组合滑梯功能如直滑、S 梯等；② 攀爬功能如攀爬架、攀爬网、瞭望台、各种梯子等；③ 钻爬功能如拱门、山洞、阳光隧道、绳网隧道、钻爬网等；④ 平衡功能如平衡木、平衡凳、平衡台、独木桥、秋千、步道、荡桥、摇马、滚筒、脚踏石等；⑤ 跳跃功能如跨栏、跳马、跳箱、木桩、跳绳、蹦床等。

根据幼儿身心发展特点特征设计，通过科学立体的组合，集游乐、运动、益智、健身于一体，让幼儿置身于一个惊险刺激又安全的游乐环境。多种类型的、具备多种功能的、适宜的玩具器械，能够支持与引发幼儿更多样的活动，使整个户外环境更加丰富、完善，更富吸引力，同时还能使园所户外环境的整体品质得到提升。其主要价值有以下两点。

图 2-3-1　珠海市香洲教育幼儿园体能锻炼迷宫

❶ 身体锻炼

例如大型组合滑梯，集健身与娱乐于一体，结合了滑梯、门、过桥、滑筒、顶子、爬梯、扶手、台板、立柱、攀爬管和绳网等，有助于幼儿更好地发展协调能力，使幼儿能够获得攀爬、摆动、悬挂、旋转、跳跃、平衡和爬行的大肌肉动作锻炼。

图 2-3-2　滑梯下的软梯

图 2-3-3　大型攀爬架

❷ 情感体验

优质的大型组合玩具各个元素部件巧妙设计和组合，色彩搭配和谐，有利于充分激发幼儿的活力和想象力，提升幼儿心理素质，培养幼儿勇敢、坚韧、顽强的个性，满足孩子喜欢钻、爬、滑等特点，给幼儿带来安全、快乐的感受，受到广大幼儿的喜爱。

图 2-3-4　大树攀爬架

图 2-3-5　爬笼上的孩子

二、问题扫描

大型玩具给幼儿带来的欢乐毋庸置疑，但当大型器械设施成为幼儿户外活动的主角时，背后折射的是：我们对于户外环境本质的基本认知仍然停留在过往的传统功能里，把户外简单定义为玩耍、锻炼的场所，把玩耍等同于娱乐。幼儿需要一些人工玩具才能玩耍，在户外就是要让幼儿像去到游乐园一样，通过不同的器械玩具玩疯，玩开心，玩刺激。

① 如何让笨重的大型玩具"活"过来？

大型玩具价格昂贵，体型庞大，不能灵活移动，多半是塑胶的，或者金属的人工设施，不具备真实性、生命力，一经购买就只能固定在幼儿园户外某处。随着时间的推移，许多大型玩具不仅开始褪色、生锈，沦为摆设，且占据了幼儿园有限的户外空间，甚至当操场上同时有好几个班的幼儿在进行户外活动时，自由奔跑都成为了一种奢侈。

② 如何丰富创新大型玩具的玩法？

大型玩具功能明确，玩法单一，久而久之，会令幼儿觉得无趣。比如大型的滑梯，只有一种玩法——从上往下滑。重要的是幼儿在这里是被动参与的角色，没有空间探索新的玩法。除了能够锻炼幼儿的体能以外，大型玩具无法满足幼儿其他的综合成长需求，无法给幼儿提供灵活思考、解决问题的机会。当幼儿无法成为玩耍的主体时，游戏也仅仅停留在表面，就不可能发生深度学习，想象力和创造力也受到了限制。

③ 如何释放大型玩具中教师对幼儿的支持？

大型玩具不仅限制了幼儿的多样玩法，也限制了教师对幼儿的深度支持。当到户外分组排队玩大型玩具成了一种主要活动时，教师无须进一步思考今天在户外幼儿该如何玩，可以玩出什么花样，也无须进一步观察幼儿玩耍的行为，只需留意他们是否安全，是否在"玩"。教师的思维模式也陷入了一种局限的惯性认知里，主观能动性也被限制，很难有创造性。

那究竟如何为大型玩具"加点料"，打通其"任督二脉"呢？

首先，可以在一段时间内明确一个主题，为幼儿提供真实情景的事物。例如，安吉区可以提供帐篷、纱巾、建筑师帽、凳子、爬垫、草帽等，让幼儿有更多的材料进行游戏。其次，添加丰富的开放性材料，适当投放一些石头、木桩、轮胎等，可以令幼儿的游戏增添不少色彩，有利于创设情境。然后，联动周边区域，让大型玩具不再"孤立"。最后，在平时可以多为幼儿提供一些经验上的支持，如投放与主题相关的绘本、观看相关活动视频，开拓思维，展开想象，引导幼儿选择更多的材料进行运动游戏，丰富玩法。

三、环境打造指南

① 大型玩具区

表 2-3-1 "大型玩具区"打造指南

游戏点	环境选址	材料投放	游戏内容
大型玩具区	① 大操场(场地大) ② 安吉器械置物箱旁边 ③ 操场大，能支持灵活操作材料，如安吉梯、木板、箱、绳子、足球等	① 活动式大型操作材料：安吉梯、木板、箱等 ② 其他辅助材料：绳子、足球等	① 环式体能区游戏：利用高低不同的安吉梯、长短不同的木板、大小不同的箱子，自主搭建一个环式体能区 ② 绳子乐园：在环式体能区的中间用绳子高高低低地绑住梯子，围成一个绳子乐园

　　幼儿自主用各种梯子、木板和箱子，搭建一个环式体能区，在环式体能区的四周自主走走、爬爬和跳跳，但他们觉得这样运动量不够，而且玩起来比较单一。后来，一些幼儿想到在梯子中间的环式区可以加绳子，把里面的空地变成一个绳子乐园，这样玩起来会更加有趣，甚至，幼儿还在绳子乐园里玩起了踢足球的游戏。这样，环式体能区的活动内容丰富了，运动量也增加了，幼儿学习了更多技能，如钻、平衡、协调能力等。

图 2-3-6　海前幼儿园大型玩具区

图 2-3-7　南屏镇中心幼儿园运动大型玩具区

❷ 瞭望点

表 2-3-2 "瞭望点"打造指南

游戏点	环境选址	材料投放	游戏内容
瞭望点	大型玩具中，幼儿能够安全到达的高处	① 观察工具：望远镜、潜望镜 ② 记录工具：纸、笔、写生画本	① 瞭望：幼儿爬到高处，瞭望幼儿园其他区域的景色，足够高的时候还可以观察幼儿园外面的街景 ② 潜望：幼儿利用潜望镜，观察二楼、三楼或更高处的景色 ③ 写生记录：幼儿将观察的发现记录下来

图 2-3-8 拿望远镜看远方

登高望远是一种符合人类直觉的愉快享受，幼儿也不例外。在幼儿园中常常能够看到幼儿喜欢爬到最高处，看一看跟平时不一样的风景。大型玩具恰好拥有独特的高度优势，常常有可以俯瞰幼儿园的制高点视角。教师在高处可以为幼儿准备望远镜、潜望镜、写生本等工具，支持幼儿的瞭望游戏。

图 2-3-9 瞭望观察

③ 长颈鹿测身高

表 2-3-3 "长颈鹿测身高"打造指南

游戏点	环境选址	材料投放	游戏内容
长颈鹿测身高	大型玩具的空墙面或较高的空柱子处	① 可以绘制身高刻度的丙烯颜料 ② 过塑的长颈鹿头像贴纸 ③ 记号笔 ④ 记录标签本	① 量身高：幼儿利用墙上的刻度对比、读数、记录自己和同伴的身高 ② 比身高：幼儿对比身高刻度，比较自己与同伴的身高差距

身高测量点是非常简单又有趣的一个游戏设计，只需要在大型玩具的空墙面上画上卡通风格的身高刻度尺，幼儿自然会很快发现，固定的大型玩具有了一个新玩法。在量身高的过程中，需要运用对比、读数、记录等数学能力，适合各年龄阶段的幼儿自主探究。

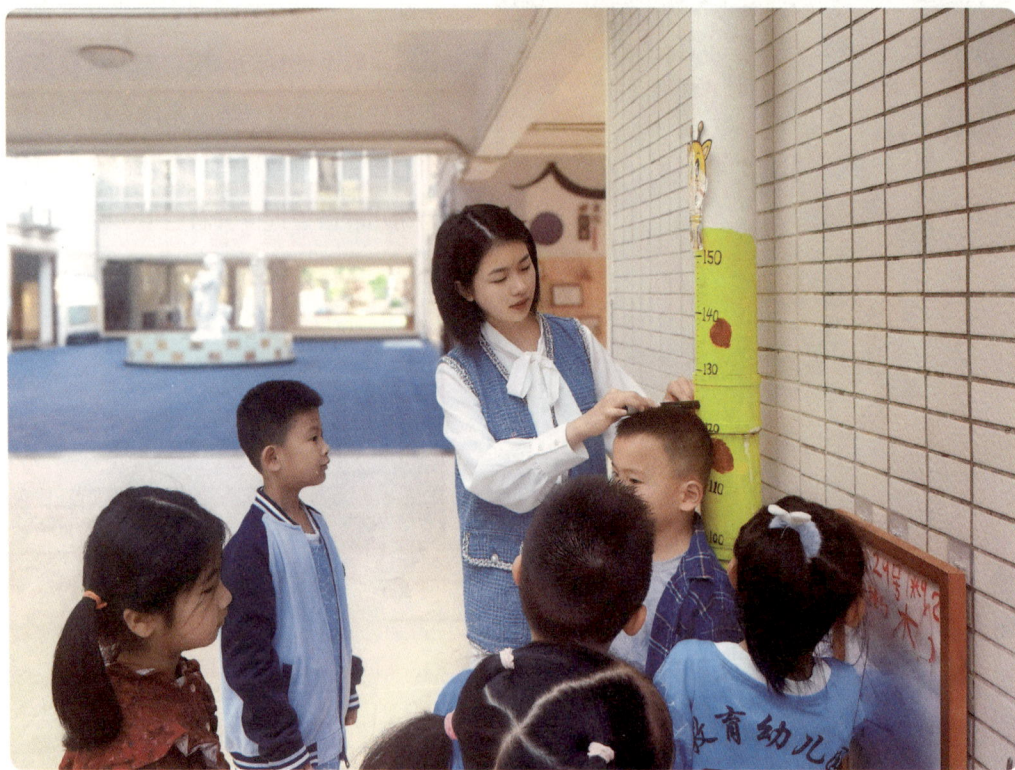

图 2-3-10 师幼一起测量身高

❹ 传声筒

表 2-3-4 "传声筒"打造指南

游戏点	环境选址	材料投放	游戏内容
传声筒	① 双层大型玩具两端 ② 间隔较远的大型玩具两端	① 传声筒原料：纸杯、各种粗细的麻绳 ② 制作工具：剪刀、透明胶 ③ 传声工具：塑料软管、玩具听诊器、PVC细管、敲棒	① 制作传声筒：利用纸杯和麻绳制作、实验基础传声筒，并和小朋友合作验证 ② 传声实验：利用塑料软管、玩具听诊器、PVC细管、敲棒等尝试聆听较远距离的声音

大型玩具占地庞大，常有上下两层，多个游戏分区，复杂的地形适合让幼儿尝试玩传声筒游戏，体验"隔空"通话的乐趣。另外，大型玩具的材质多为木质或钢制，幼儿能够探究声音在不同材质固体振动中传播的有趣现象。

图 2-3-11 传声管

图 2-3-12 户外打击乐器

⑤ 风铃挑战

表 2-3-5　"风铃挑战"打造指南

游戏点	环境选址	材料投放	游戏内容
风铃挑战	攀爬网、攀爬墙等较高的大型玩具	① 铃铛 ② 彩色三棱镜	① 风铃挑战：挑战爬到最高的地方摇动铃铛 ② "抓"棱镜：观察高处棱镜投射在地面的彩色光点，也可以爬到高处摇动棱镜观察光点运动

　　在攀爬网爬上爬下对于部分胆大的幼儿来说已经没有挑战性了，因此可以在最高处悬挂一个风铃，激发幼儿的游戏兴趣或作为攀爬速度竞赛的道具。另外，在高处悬挂彩色棱镜、风向标、彩带等，都是吸引幼儿重新探索攀爬区域的好方式。

图 2-3-13　幼儿够到风铃

"大型玩具区"户外赋能小视频

视频 2-3-1　　视频 2-3-2　　视频 2-3-3　　视频 2-3-4
滑索道　　　　加油站　　　　跳房子　　　　运动游乐场

第四节　光影游戏区

光随处可见，幼儿随时可以找到影子。幼儿通过认识、摆弄和探究材料的不同玩法来寻找光影的奥秘。光和影这两个会变魔术的小精灵就这样呈现在他们的视野之中，形成了科学性、艺术性相结合的游戏区域。

一、区域核心价值

在这个极具科学探索价值和艺术操作价值的区域里，幼儿借助光与各式各样的影子进行游戏。无论是在光线充足的环境中发掘光影的魅力，还是在光照不足的环境中打造光影暗室小剧场，变幻的光影如同交响乐，能够给予幼儿丰富而直接的感官体验，激发幼儿手眼协调能力、创造力、想象力以及团结合作能力等。其中，最值得注意的是以下两方面的价值。

① 美感体验

光影游戏能给幼儿带来直观的美感体验，其中，视觉上的体验最为显著。幼儿能够通过丰富多彩的光影游戏材料，体验光影的强弱、色彩和形状所带来的美感。幼儿还可以在观察的基础上，充分调动多种感官，以观察、建构、绘画、表演等方式，表征光与影的奇妙变化，发展幼儿体验美、创造美的感受和能力。

图 2-4-1　光线投影出画面

② 科学探究

光影游戏中蕴含的科学和自然奥秘，是幼儿感到新奇的知识。在光影游戏中与同伴合作探究和表征，是幼儿喜欢的游戏形式。幼儿通过观察、比较、操作、实验等方法对光与影进行探究，在直接感知、亲身体验和实际操作中感受光的神奇，了解影的形成，感受变化规律。

图 2-4-2　光线远近与强弱关系

二、问题扫描

光影游戏区的创设能为幼儿的自主探究与学习提供自由自在的活动空间，但光影区环境的创设和材料的投放有限，很难使每一个幼儿都能依据自己的兴趣需要，按照自己喜欢的方式自主选择材料，主动进行探究与学习。

❶ 材料投放有限

光影游戏区的材料种类较为单一，主要集中在光源类和生活类，如手电筒、镜子、糖纸等。而很少投放艺术类、玩具类和图书类的材料，比如镭射纸、彩色图形玩具、三棱镜、光影操作书等。并且，有些幼儿园投放的低结构材料较少，不能由幼儿自主设计光影道具。投放的材料限制了幼儿自主操作和探索材料不同玩法的可能性。

❷ 环境创设固化

光影游戏区通常受到太阳光的束缚，游戏区环境的创设往往与光源捆绑在一起，相对封闭、黑暗的环境较少，如光影小屋、光影大剧场等，这样的环境能给幼儿带来不一样的体验。固化的光影游戏区环境很难持续激发幼儿的游戏兴趣，可能会限制幼儿更多自主探究的可能性，使光影游戏区的活动失去吸引力。

以上问题究其根本，还是我们未能消弭心中的边界，光影游戏可以分别在阳光充足和黑暗的环境中进行，还可以通过适宜、丰富的材料提升游戏的挑战性，让每个幼儿都能在喜欢的游戏方式中呈现出阶梯式发展。

三、环境打造指南

❶ 光影桌

表 2-4-1 "光影桌"打造指南

游戏点	环境选址	材料投放	游戏内容
光影桌	① 较为昏暗的场地，如阳光无法直射的转角 ② 有一定的收纳空间，并且便于操作、记录和收纳	① 工具类：光桌、镜桌、射灯、灯带、氛围灯、水晶灯等 ② 材料类：沙盘、纸笔、放大镜和彩色亚克力板、透光积木、水果切片、花瓣等透光小物	① 光影沙画：通过在光影桌上画沙画来体验与日常笔画的不同，自主探索光线的明暗、叠加等效果 ② 观察生活中的物体：选择一些透光物，如花瓣、树叶、水果切片等，观察其纹理、肌理和色泽，并绘制

光影桌上柔和的光和舞动的色彩让幼儿着迷，为他们创造了很多活动和学习的机会，如精细动作发展、手眼协调、前书写技能、颜色识别等。光影桌不仅具有优美的设计和高质量的制造工艺，还可以借助灯光效果和多种游戏方式，激发幼儿的好奇心和探索欲望。

值得注意的是，教师应消弭心中的边界，光影桌不是一个单独的小区域，它可以和任何其他东西连接起来，并且只要更换桌板，就能轻松实现不同的功能和玩法。

图 2-4-3 光线充足的光影区

❷ 万花筒

表 2-4-2 "万花筒"打造指南

游戏点	环境选址	材料投放	游戏内容
万花筒	① 光照充足的场地 ② 设置操作和收纳空间，便于幼儿制作万花筒	① 材料类：三棱镜、平面镜、卷纸筒、牛奶盒、纸板、亮片、彩珠、塑料膜等 ② 工具类：剪刀、胶水、胶带、绘画笔、光源等	① 镜子新发现：利用镜面成像的方法补齐图案或者创造新的图案 ② 自制万花筒：用三棱镜和生活中的材料，制作一个千变万化、五彩缤纷的万花筒

用一面镜子可以变出什么？两面呢？三面呢？幼儿可以通过镜子关合的对称性和反射性去探究镜面增加后反射出来的像有什么变化，然后用三面镜子去组装成万花筒。

教师应注意，引导幼儿逐步感受随着镜面数量的增加镜子的对称性和反射性的变化，并体会其奇妙的变化。

图 2-4-4 制作万花筒

图 2-4-5 万花筒材料桌

❸ 凹凸镜

表 2-4-3 "凹凸镜"打造指南

游戏点	环境选址	材料投放	游戏内容
凹凸镜	① 光线充足，可观察照亮较多物体的区域 ② 具有远景和近景两类观察场地 ③ 有一定的收纳空间，并且便于操作、记录和收纳	① 操作工具类：凹面镜、凸面镜、平面镜、眼镜、后视镜、潜望镜、望远镜、放大镜等 ② 观察记录类：生活中的观察物体、纸笔、彩泥	① 寻找光斑：在观察各种镜子的不同后，通过光线折射寻找光斑，并记录下光斑的不同之处 ② 镜子里的世界：通过不同的镜子反射、折射出来的影像来看世界，将观察到的影像通过绘画记录下来

镜子能够折射、反射光线，在视觉上延展空间，让空间充满变化。幼儿总能在生活中收获丰富的认知经验，光影游戏中的凹凸镜不仅能让幼儿直观地了解到镜子的特征，还能体验自主探索的乐趣。幼儿可以通过连续的观察和比较，来探究凹凸镜、反射镜影像的变化。

教师应注意在游戏区附近投放相应的记录材料，方便幼儿记录下猜想、记录、验证的过程，为其良好学习品质的养成奠定基础。

图 2-4-6 利用塑料瓶投射光影

❹ 光影建构

表 2-4-4 "光影建构"打造指南

游戏点	环境选址	材料投放	游戏内容
光影建构	① 光照充足处，周围无高大树木或大型建筑，阳光能够直射地面 ② 结构简单，如户外凉亭、长廊或防雨棚，结构便于装饰 ③ 有一定的收纳空间，便于收纳操作性材料	① 光源类：机械手电筒、移动射灯、灯带 ② 操作工具类：彩色透光积木、彩色磁力片、彩色透光亚克力板、彩色塑料瓶、平面镜、三面镜，以及其他小玩具	① 立体光影建构：操作彩色透光积木进行搭建，综合运用艺术与建构技能，进行艺术创作 ② 光影场景搭建：结合镜面和其他玩具如人偶、汽车等一起，搭建出更加丰富和具有故事性的场景

　　光与影相伴，幼儿在用视觉探究世界时，光和影的变化总能激起幼儿的兴趣。在光影游戏中融入积木这一开放性玩具，能够在光影探究的基础上，锻炼幼儿的想象力、创造力和空间建构能力。并且，高透光的亚克力积木能让幼儿在光影游戏中感知光与色彩，在艺术建构过程中获得视觉享受。

图 2-4-7　自制光影游戏道具

图 2-4-8　"小矮人"光影场景搭建

❺ 手影幕

表 2-4-5 "手影幕"打造指南

游戏点	环境选址	材料投放	游戏内容
手影幕	① 光照不足处，如隧道、走廊暗处，环境适合运用光源进行游戏 ② 暗室内应增加安全标识、收纳标识、指引灯等设施 ③ 有一定的收纳空间，便于收纳操作性材料	① 光源工具类：机械手电筒、移动小夜灯、摄像头补光灯 ② 操作工具类：皮影、幕布、彩色塑料瓶、幻彩镭射纸 ③ 观察工具类：双色眼镜、色板、三棱镜	① 皮影戏：尝试与伙伴分工合作，操作皮影，创编、演绎故事 ② 探秘影子：用光影照射物体，探索光源距离、角度与影子形状的关系

　　除了在光照充足的户外阳光房开展光影游戏外，在光照不足处，也可以利用手影幕打造光影暗室作为户外光影游戏区角。在暗室内投放幕布、光影以及操作性材料，幼儿就能打造出一个光影小剧场，自行创编或演绎故事，并在这一过程中探究影子的形成原理，光影距离、角度与影子形状的关系等光影科学现象。

图 2-4-9　尝试制作皮影戏

⑥ 光影伞绘

表 2-4-6 "光影伞绘"打造指南

游戏点	环境选址	材料投放	游戏内容
光影伞绘	① 光照充足处，周围无高大树木或大型建筑，阳光能够直射地面 ② 平坦开阔的场地，具有操作和收纳的空间	① 伞具：无色透明伞、彩色透明伞 ② 绘画工具：丙烯颜料、笔刷、油性笔、粉笔、马克笔、自喷漆	① 伞面绘画：用颜料创意绘制伞面，并观察太阳直射时的伞面投影 ② 光影描绘：用粉笔在地面上描绘伞面投影，并进行创意添画 ③ 多彩光影：观察彩色伞叠加后颜料的变色现象，观察彩色投影

　　光影伞绘为幼儿提供了一个科学探索兼具艺术创造的平台，幼儿不仅可以探究光影投射、彩色光影、色彩叠加等科学现象，还可以在这些有趣现象的基础上自由地进行艺术创作。

　　但值得注意的是，为了防止颜料粘连后破坏画面，需要等颜料全干后才能关伞，伞不用时不宜暴晒。

图 2-4-10 绘制透明伞

第五节　田园种植区

一、区域核心价值

　　每个幼儿园都有一块种植区，或者种植园。它的面积可能不大，却是最自然且蕴含丰富教育价值的地方。因它生机勃勃、变化万千，蕴藏着奇妙的科学现象，可以提供一个场所，让幼儿了解一颗种子从发芽到餐桌的过程，真切理解"谁知盘中餐，粒粒皆辛苦"的含义。种植区的核心价值主要有以下三个。

增进对自然的情感

种植区是大自然的缩影，不仅具有绿化、美化环境的作用，还蕴含很高的教育价值，能让幼儿观察自然、探索奇妙世界。幼儿园种植活动的核心价值是满足幼儿亲近自然的需要，让幼儿在选种、栽培、管理、收获、品尝、制作等过程中，增进对植物及其生长发展过程、生长条件的了解，增进对自然的情感。

图 2-5-1　认识瓜果蔬菜

图 2-5-2　收获自己种的蔬菜

丰富关于自然的科学知识

种植活动是一种综合性的活动，是涉及数量、测量、空间、协作、规划、表现、责任感、任务意识及审美等多方面经验的活动。通过种植活动，幼儿可以探究植物外形特征、生命周期、生长环境、播种育苗、工具使用等科学知识和概念。管理时可了解植物的生命周期及其不同生长阶段的需求，对比与分辨植物的不同部位和功能；采收时可交流果实成熟度的判定标准、收割方式、食用部位等。

③ 激发对自然的探究欲望

种植是一种有温度、有情感的活动，万木感春意而抽芽吐蕊。幼儿通过对植物的观察，感受春天万物破土而出的力量。一颗普通番茄需要多少时间和精力才能成熟呢？从种下菜苗"小可爱"时，幼儿一直期待着，亲手照顾着"小可爱"，看着"小可爱"慢慢长高、开花、结果，幼儿对生命有了新的认识。通过精心呵护，幼儿对生命充满感情、倾注热情。同时，菜园里的小动物们，也会成为幼儿研究的对象。"小青虫长大后会变成什么？""蜗牛壳里的蜗牛去哪儿了？""小蚂蚁的食物是什么？"这些疑问都会激发幼儿的探索欲。

图 2-5-3 菜地里抓到了小虫子

二、问题扫描

种植区蕴含着无穷的教育价值，但当前部分幼儿园的种植区建设情况并不理想。有些幼儿园将种植区视为谋求园舍硬件达标的客体，平时疏于管理、寸草不生。幼儿对这一片"荒地"可谓"可望而不可即"。有时即使幼儿进入场地也只是按照教师的指令，摆拍几张照片应付验收检查。有的教师认可种植的重要性，尝试带领幼儿种植，然而，兴致勃勃地播种之后，却因为"防晒防蚊保健工作很麻烦""幼儿磕着碰着，容易出安全问题"而将管理活动搁浅，移交给后勤员工处理，等到收获时再去采收。

为什么会这样？教师是这样反馈的：

"从播种到收获时间挺长的，除了特定的播种、除草、浇水、收获，幼儿还能干什么？"

"幼儿的劳动能力有限，很多时候没有办法做到脱手让幼儿自己管理菜园，都是代劳。"

"幼儿对于种菜没有多大的兴趣，刚开始还行，时间一长，种植活动就变成了活动摆拍。"

……

种植区从教育最佳场所变成了"无人问津"之地，思考其背后原因，可总结为三点：种植区使用率低、种植区缺乏整体规划、种植区所产生的活动不够丰富。

如何让"无人问津"的种植区重塑成最佳教育场所？

首先，幼儿园种植区不仅仅限于土培种植，可以打造 3D 种植区，让植物不只是平面的，还可以是立体的，并且植物本身就有很多生长形态，有种在土壤里面的，有养在水里面的，更有挂在树上的，等等。把不同空间、不同形态的植物与环境融合起来，打造一个立体多元的生态植物区，提供立体种植体验，让幼儿在自然野趣的环境中释放自由天性。

其次，幼儿园种植区的定位不应该局限于"菜园""果园"，也可以将此处作为幼儿的美育浸润。幼儿园在开辟种植区时可以厘清种植区的整体功能划分，既有实践的场地，更有美学的环境创设，可以用幼儿的绘画、字迹等作品来装饰种植区，并且将陶艺、美术、木工等相结合，做出有特色、有创意的装饰。比如增添泥巴厨房、仙女花园、精灵小路、风向标、雨量收集器、太阳钟、棋盘和昆虫旅馆等。

三、环境打造指南

🟠 宝藏特区

表 2-5-1 "宝藏特区"打造指南

游戏点	环境选址	材料投放	游戏内容
宝藏特区	① 种植区草地附近，未种植的空地，邻近水源 ② 不影响植物生长的泥土空地，有较大的空间供幼儿操作	① 工具类：挖土使用的小铲子、小耙子、小水桶 ② 辅助类：小椅子、收纳盒、锅碗瓢盆、水龙头、水管	① 挖土：幼儿使用工具在泥土地里挖出"宝石"或其他物品，可以结合水来进行泥土塑造、搭建 ② 贝贝集市：挖到"宝石"以后可以与集市游戏联动，构成简单的角色体验游戏、买卖游戏

图 2-5-4 寻找泥土里的"宝藏"（1）

在农场的游戏中，除了种植还可以做什么呢？幼儿在探索菜地的时候也产生了疑问，大自然对于幼儿来说有着天然的吸引力，在这里小叶子、小花朵甚至泥土在幼儿的眼里都是游戏道具。幼儿在自然而然的探索中找到了喜欢的游戏——挖宝藏。

图 2-5-5 寻找泥土里的"宝藏"（2）

❷ 悦食工坊

表 2-5-2 "悦食工坊"打造指南

游戏点	环境选址	材料投放	游戏内容
悦食工坊	① 位于农耕庄园旁，便于采摘蔬菜等食材，近水池方便食物操作 ② 休息区便于食材加工与整理 ③ 场地支持户外食操，可容纳 30 位幼儿休息，桌面可容纳 12 名幼儿食操空间	① 食物操作工具：儿童砧板、儿童安全刀、削皮器、盘子等 ② 沥水工具类：沥水架、沥水筐、沥水碗盘等 ③ 清洁工具类：擦布、扫把、厨余垃圾桶等	① 切萝卜：探索切的过程，掌握切的技巧 ② 比长短、比多少：操作活动中感知蔬菜的特征 ③ 削苹果：尝试使用两种削苹果器体验削苹果过程，感受苹果皮长短 ④ 镂空印花、蔬菜拼盘：通过探索，尝试创作美食成品的艺术造型展示

　　幼儿掌握用安全刀切食物的技能后，对探索使用其他食物操作工具倍感兴趣，在"切"的技能上有更高层次的要求。他们在探索手部肌肉灵敏度和学习力量控制力方面，通过练习使用食操工具掌握技巧。例如，从用安全刀"切"食物、用削皮器"削皮"的练习中，建立幼儿食物操作的自信心，同时学会"切片、剥粒、削皮、印花、蔬菜拼盘"等操作技能。教师是幼儿的支持者、合作者、引导者。在游戏中，教师倾听幼儿，跟随幼儿，支持幼儿在悦食工坊的操作，鼓励幼儿有新的想法及更高的要求。

图 2-5-6　制作蔬菜饼

图 2-5-7　美食制作团队

③ 蔬果运输乐

表 2-5-3　"蔬果运输乐"打造指南

游戏点	环境选址	材料投放	游戏内容
草坪游戏	① 平坦的草坪区域，旁边有轮胎种植区或蔬菜种植区 ② 幼儿可以在这里进行游戏建构	① 工具类：放大镜、测量工具、种植工具、色片、观察表 ② 游戏器械："阳光隧道"、安吉板、轮胎、球、背篓、体能垫、小凳子	① 观察与照顾：幼儿给蔬果浇水、施肥，观察蔬果，并将观察到的现象记录下来 ② 采摘乐：幼儿通过观察蔬果的形状、大小、颜色，判断瓜果的成熟程度，采摘成熟蔬果 ③ 蔬果运输队：幼儿分组分工合作采摘和运输蔬果，在游戏中体验运输游戏的快乐

在农场采摘活动中，幼儿不知不觉就会被周围的环境所吸引。大自然是最生动的活教材，幼儿在探索中观察、发现、体验种植的乐趣。幼儿利用放大镜、测量工具、种植工具进行观察和照顾植物，在观察中判断蔬果的成熟程度并进行蔬果采摘。采摘完的蔬果怎么办呢？幼儿会一起商量，组成一支蔬果运输队，进行输送蔬果回家的游戏。之后，幼儿将游戏经验进行迁移，把体育器械与球组合，开展蔬菜运输的游戏。

图 2-5-8　采摘蔬果

❹ 沤肥实验

表 2-5-4 "沤肥实验"打造指南

游戏点	环境选址	材料投放	游戏内容
沤肥实验	① 开阔通风，保证气味流通顺畅 ② 光照和阴凉二者皆备，温度适宜	① 沤肥工具：塑胶桶、搅拌棍、手套、口罩、塑料袋、砧板、臼子、儿童用刀 ② 沤肥原料：酵素粉、土、草木灰、树叶、动物粪便、蛋壳、鱼骨、内脏、剩瓜果、烂菜等 ③ 记录工具：纸、笔、标签贴纸	① 原料搜集：幼儿自主搜集、选择合适的沤肥原料 ② 原料处理：幼儿进行初步的原料处理操作，如捣碎蛋壳、切碎菜叶、加酵素粉等 ③ 实验记录：幼儿观察、记录沤肥桶的制作日期、气味、颜色、气泡等特点，并尝试施肥效果

先准备一个大的塑胶桶，将土、草木灰、树叶、蛋壳、剩下的瓜果、烂菜等放入其中，盖上盖子密封，放在光照充足的地方，温度高更容易发酵。接下来等待半个月，一桶肥料做好啦！如果整个农场弥漫着浓浓的肥料味，那就是小朋友们在施肥了，戴上口罩、手套，拿起小勺均匀地撒在土地上，再翻匀土地即可。

图 2-5-9 尝试沃肥中

❺ 小苗育种

表 2-5-5 "小苗育种"打造指南

游戏点	环境选址	材料投放	游戏内容
小苗育种	① 湿润的泥土处 ② 光照处和阴凉处皆备，温度合适	① 种子：各种豆子、菜苗 ② 育种工具：酸奶瓶、营养液、小铲子 ③ 记录工具：纸、笔、标签贴纸、标签牌	① 育种实验：幼儿尝试运用泡水、土培等方式育种 ② 实验记录：幼儿观察、记录种子发芽时间、形状、高度等特点，并尝试从育种盆转移到土里种植

　　一株植物从播种到收获，都有不同的意义。其中，育种是操作较为简单、短期内能够快速观察到植物生长变化的种植环节，适合幼儿进行实验观察。而采用酸奶瓶作为育种盆，成本低廉，有利于将种子分开。每个幼儿都可以自己种一盆种子，便于记录观察，也能够给更多幼儿提供有趣的游戏体验。

图 2-5-10　观察植物的变化

图 2-5-11　大丰收

"田园种植区"户外赋能小视频

视频 2-5-1　豆浆坊

视频 2-5-2　户外小厨房

　　幼儿园体能野战游戏是对幼儿园基础体育游戏活动的补充。积极有效地开展户外体能游戏，不仅能给幼儿带来快乐，帮助幼儿提高运动能力，促进身体素质的提高，还能让幼儿回归自然，释放内心的探索和挑战欲，而这种不断追求自我挑战的游戏，比起一般活动更有助于幼儿人格的正向发展。

一、区域核心价值

　　体能野战区游戏具有形式感强、游戏形式丰富、价值多元的特点，是融合角色表演、游戏娱乐、民间传统游戏、CS 战区、体能运动于一体的大型混龄游戏场。体能野战区的核心价值主要有以下两点。

❶ 体能运动

体能野战区基于幼儿兴趣和动作发展特点，满足幼儿体育动作发展需求，根据体能训练项目（攀、爬、跑、跳、钻等技能训练）不同，提供相应材料，充分锻炼幼儿动作技能，增强幼儿运动能力，例如敏捷性、灵巧性、平衡感、协调性、体耐力、弹跳力等，提高幼儿参与体能锻炼的积极性。

图 2-6-1　队友间的协助

❷ 体验合作与竞争

在体能野战区，幼儿以小组为单位进行对抗性竞赛游戏，不仅有游戏者之间的竞争，还有游戏者之间的合作，它要求游戏者进行组内合作、组间对抗，能够培养幼儿竞争与合作的素质与能力。

图 2-6-2 "占领高地"的幼儿

二、问题扫描

① 游戏主题性、计划性较弱，随意性和盲目性较大

部分教师没有认识到教师适当的指导对推进幼儿游戏的作用，把游戏等同于自由活动。在体能野战区中，常常是"玩具一散，幼儿一放"便不闻不问，让幼儿随意玩。没有教师的参与和指导，加上幼儿往往没想好玩什么、带哪些材料，便冲到了户外，导致游戏的主题性、计划性较弱，游戏表现出盲目性和随意性。

② 游戏趣味性弱，重复性、练习性强

为了使幼儿的游戏更逼真、有趣、有教育意义，部分教师在游戏中"导"得过多，往往亲自设计、亲自指挥幼儿游戏。教师过于注意游戏的结果而忽视游戏的过程，幼儿则在教师的"精心"安排下机械、被动地模仿，导致游戏趣味性弱，重复性、练习性强。

❸ 环境层次缺乏，材料过于单一

对于幼儿来说，游戏本身必须借助游戏材料，体能野战区游戏就更需要教师投放不同层次的游戏材料，以此来满足不同幼儿的游戏需求。体能野战区的环境均是开放性的空间，环境缺少变化，环境的层次性不够，不能支持不同经验水平幼儿的经验提升。而且，投入的材料仅仅是一些仿真的战区玩具、木梯、滚桶等，仅供幼儿开展简单的角色模仿和建构游戏，无法支持幼儿多种角色行为的体验，因此幼儿的经验得不到拓展和延伸。

❹ 自由游戏和规则游戏之间的冲突

在体能野战区中，有几个幼儿大喊"我是解放军，我来救你们"。参与游戏的幼儿越来越多，游戏场上又热闹起来。是制止他们，还是顺其自然？不制止，怕他们发生安全事故；制止，又怕打断他们游戏，于心不忍。在体能野战区中都是一些大件的木质器械，在活动前，教师总是免不了要教规则，不然玩不好，但是教得过度了又变成干预打扰了。

以上问题究其根本，是我们未能消弭心中的边界，是我们观念太狭隘。体能野战区可以是在幼儿园任何位置，不必限定一个区域，哪里都可以成为体能野战区，也可以与其他区域共存共享地理位置及材料。虽存在风险，只要做好防范措施，提供多样探索的基础材料，让幼儿敢于去尝试、探索。在探索的过程中，习得自我保护的经验与建构自我保护的意识。当幼儿在游戏中有所求助时，老师要予以帮助。此时，老师或提供相应材料，或提供方法，或启发引导，使游戏能顺利进行下去。

三、环境打造指南

如何结合幼儿的年龄特点打造体能野战区，让体能野战区重新焕发活力？可以通过情境性区域环境打造、运动游戏的组织与实施，来达到运动、游戏、交往的融合，促进幼儿体质体能的发展。情境游戏的开展弥补了运动游戏的不足，从一物多玩—多种器械的组合—分区运动—情境性区域运动游戏，多种模式相互弥补，相辅相成，解决了体能活动中的现实问题，实现了体能运动带来的科学性、趣味性、自主性、全面性的发展功能，使幼儿园的运动课程更丰富、更完善。

❶ 民间体育游戏

1. 陀螺转转乐

表 2-6-1　"陀螺转转乐"打造指南

游戏点	环境选址	材料投放	游戏内容
陀螺转转乐	地面尽量光滑平整，周围不要有杂物，有足够的空间给幼儿玩陀螺	木质陀螺、合金陀螺、塑料陀螺、双层陀螺、带灯陀螺等	陀螺小比赛、拉尺陀螺、发射陀螺、鞭绳陀螺、手转陀螺、指尖陀螺、制作陀螺等

陀螺的种类丰富，玩法多样，幼儿有一定的玩耍经验。幼儿在玩陀螺中，自然地开展着各种和玩陀螺相关的游戏，在游戏中发现问题，分享讨论，一起解决问题，从中知道陀螺旋转的秘密，激发探索兴趣，提高解决问题的能力。

图 2-6-3　学习打陀螺技巧

2. 踢毽子

表 2-6-2　"踢毽子"打造指南

游戏点	环境选址	材料投放	游戏内容
踢毽子	踢毽子材料便携，可以充分利用开阔的走廊、树荫下、草地上	毽子若干	① 单人花式踢毽子 ② 两人合作踢毽子 ③ 传递踢毽子

踢毽子对场地材料要求没那么高，只要有一块空地，就能随时玩起来。幼儿在用不同的方法练习踢毽子中体验传统游戏的乐趣，幼儿玩毽子的水平和玩法各不相同，可以先是单人花式踢毽子，再由两人组合踢毽子，当然也可以一组人一起玩传递踢毽子游戏。

3. 跳大绳

表 2-6-3 "跳大神"打造指南

游戏点	环境选址	材料投放	游戏内容
跳大绳	场地开阔,地面平整,有足够的空间给幼儿跳大绳	长短、粗细不一的跳绳	① 单人跳绳 ② 双人搭档跳绳 ③ 跳长绳 ④ 单、双脚跳大绳

跳大神是我国极受欢迎的传统民间游戏之一。它可以是借助一根短绳进行的单人或双人跳绳活动,也可以是借助一根长绳进行的多人活动,能够锻炼幼儿的跑、跳等大动作的发展,增强腿部力量,提高手、眼、脚等的协调能力和身体平衡能力。在进行双人搭档跳绳或多人跳长绳时,还能够促进幼儿交往能力、合作能力、表达能力。

《3—6 岁儿童学习与发展指南》指出,在动作发展上,5—6 岁幼儿能连续跳绳。《国家学生体质健康标准》也将"1 分钟跳绳"列为必测指标,并明确了这一指标的评分标准:小学一年级男生一分钟跳绳 17—80 次为及格,87—93 次为良好,99—109 次为优秀,女生一分钟跳绳 17—80 次为及格,87—95 次为良好,103—117 次为优秀。因此,在学前教育阶段,让幼儿接触并开展跳绳游戏,能够让他们在游戏中掌握跳绳的方法与技巧,不断提高跳绳所需要的耐力和肢体协调度,在游戏中做好幼小衔接工作,为幼儿升入小学进行体质健康测试做好相关准备。

图 2-6-4 跳大绳

② 自行赛车场

表 2-6-4 "自行赛车场"打造指南

游戏点	环境选址	材料投放	游戏内容
自行赛车场	中庭广场	平衡车、晨间锻炼的垫子、体能锻炼器械、路障雪糕桶、红绿灯、赛车迷彩旗、路向标志	幼儿通过中庭的一些晨间锻炼器械材料，自主设计、拼搭成赛道，再结合一些赛车比赛的辅助性材料，如赛车迷彩旗、红绿灯、路向标志……给幼儿营造一个良好的比赛氛围

在平坦的中庭广场，幼儿可以巧妙运用大型体能器械和各种车辆进行自由组合搭配，融通小路过道创设交通游戏情境。如此彰显个性的自行车赛车场深受幼儿喜爱。

图 2-6-5 幼儿骑车过小道

图 2-6-6 自主设计赛车道

❸ 爬树勇士

表 2-6-5　"爬树勇士"打造指南

游戏点	环境选址	材料投放	游戏内容
后院树木区	① 幼儿园里的各种树 ② 大的墙面	① 90°延伸攀爬墙 ② 基础材料：绳子、轮胎、踩脚垫、吊床、垫子	幼儿自主使用材料展开探索游戏

图 2-6-7　幼儿在爬树

"爬树勇士"提供了一种挑战游戏的参考，当我们把各种基础材料放置在此，幼儿会自然而然地玩出各种探索游戏，如爬到树上去采集树叶做饭、把吊绳连起来荡秋千等。

值得注意的是，爬树区环境打造应结合园所的环境，投入多样的户外攀爬材料，一定要把好质量关，每天一小检，每周一大检，预防材料松脱，消除安全隐患。

图 2-6-8　两棵树中间的秋千

❹ 安吉游戏区

表 2-6-6 "安吉游戏区"打造指南

游戏点	环境选址	材料投放	游戏内容
安吉游戏区	① 大型空旷场地 ② 收纳器械场地：靠墙处、角落处、楼梯下方等不影响游戏的区域 ③ 设置合适的器具收纳柜	① 收纳：积木收纳小房子、箱子、架子 ② 安吉游戏材料：竹子、竹梯、木块、木板、轮胎、安吉梯、安吉桶、安吉箱、螺母玩具 ③ 其他大型游戏材料：万象组合、彩虹伞等 ④ 护具：垫子、海绵垫等	① 安吉游戏：自行选择游戏材料，组合、搭配进行游戏 ② 体能循环：利用安吉梯等材料打造循环路线 ③ CS 野战区 ④ 建构游戏

安吉游戏是浙江省安吉县的幼儿园游戏教育的简称，也是一种自主游戏理念。在游戏过程中，玩什么、与谁玩、怎么玩、用什么东西玩，幼儿可以自己做主、自己决定、自己安排。他们在游戏中自我学习、自我建构、互动互助，充分地体验发现、创造的乐趣。教师积极支持、鼓励，并快乐地配合幼儿。

图 2-6-9 伙伴互助游戏

图 2-6-10 走滚筒的幼儿

❺ 野战部落

表 2-6-7 "野战部落"打造指南

游戏点	环境选址	材料投放	游戏内容
野战部落	① 青草坡：环境氛围适宜建造幼儿游戏战场 ② 大型滑梯下面 ③ 场地空旷便于开展	① 野战区相关材料：垫子、担架、轮胎、储物架、迷彩网、士兵服、士兵帽、自制手榴弹、秋千、架子、迷彩天幕、枪、对讲机等 ② 炊事班相关材料：锅碗瓢盆、调料盒、各种饮料瓶、各类食品玩具、收纳架、收纳箱、自然材料等 ③ 医疗队相关材料：听诊器、棉签、绷带、药盒若干、医护服装、帐篷、地垫等	① 军事训练、搭战壕、吹号角进攻、偷袭、营救、自由活动（荡秋千、爬树） ② 制作美食 ③ 抢救伤员、包扎伤口、给病人开药、给士兵体检

通过教师和幼儿的讨论及实地考察，从幼儿的兴趣出发，在滑滑梯下面设置了野战区、医疗区、炊事班、指挥中心等。

图 2-6-11 埋伏偷袭

图 2-6-12 战场上的"医务人员"

"体能野战区"户外赋能小视频

视频 2-6-1 滚筒游戏

视频 2-6-2 攀爬带

第七节　劳动工坊区

　　劳动工坊区承载着传承传统文化和促进幼儿积极、主动、全面发展的功能。劳动能带给幼儿真实有意义的生活，能带他们去认识生命与世界的关系。劳动工坊区包括木工坊、茶艺坊、砌墙小工地、洗衣坊、悦读餐吧、港湾快递站等。说到劳动工坊区，我们的脑海中会立刻浮现出各种设备完善的功能室。有没有想象过，这些劳动工坊区设置在户外的话，幼儿玩起来是多么的惬意和洒脱？当然也存在不少风险和挑战。

一、区域核心价值

幼儿园的劳动教育有着游戏化、生活化的特征。在幼儿园设置劳动工坊区，让幼儿通过身体与周围环境互动，在游戏中感受劳动的快乐，获得丰富的劳动经验，形成对劳动的初步认识，并初步养成爱劳动的习惯。综合看来，劳动工坊区的核心价值有以下三个方面。

❶ 促进幼儿身心协调、健康发展

劳动工坊区为幼儿提供了更多进行劳动的游戏机会，让幼儿进行直接感知、实际操作和亲身体验。在劳动过程中，幼儿需要调动身心，经历反复操作、尝试，才能完成自己的游戏计划，达成游戏目标。比如反复尝试将钉子钉入木板、模仿建筑工人砌筑墙体、清洗食材、晾晒衣物等。完成这些"工作"都需要幼儿全身心地投入其中，手眼协调一致。幼儿在活动中，也是在不断地学习、巩固新的操作技能，不断地促进其身心健康发展。

❷ 发展幼儿的社会交往能力

劳动工坊区还为幼儿提供了大量的社会交往机会。例如，一起搅拌"水泥"，分角色扮演快递员、厨师、收银员，合作拧干湿衣服等。幼儿在劳动工坊区的游戏过程中，遇到问题时需要与同伴、教师等进行交流、沟通，并进行协商、分工与合作以解决问题，从而发展幼儿的社会交往能力。同时，幼儿能够在这样的群体游戏活动中获得积极的情感体验，也会使其更加愿意并主动参加群体活动，不断提高适应群体生活的能力。

❸ 培养幼儿"爱劳动"的意识和习惯

劳动工坊是幼儿园开展劳动教育的有效途径之一。在劳动工坊中，教师将游戏与劳动教育巧妙结合，将"爱劳动、爱生活"的价值意蕴内隐于劳动工坊中，让幼儿在游戏中感受劳动的快乐，不断激发幼儿的劳动兴趣和劳动意愿。比如，在茶艺坊，幼儿乐此不疲地给到来的每一个人煮茶、倒茶；在太阳下坚持不懈地砌筑自己的"万里长城"；走遍整个幼儿园也要将包裹送到收件人手中……在这样的游戏情境下，劳动不再是枯燥、重复的一项工作，而是变成幼儿所喜爱的游戏活动。幼儿也能感受到劳动的辛苦以及劳动带来的喜悦，不断习得劳动技能，促进幼儿爱劳动的良好习惯和品质的养成。

二、问题扫描

在开展户外劳动工坊区域活动的过程中，遇到的问题有以下三点。

① 安全问题

劳动工坊中所面临的最大"阻力"就是安全问题，家长和老师们都会有各种担心，例如，木工坊锯子、钉子，砌墙工坊里的砖头，大块木板，茶艺坊里烧热水，等等，稍有不注意就会出现安全问题。

② 各领域融合性低

在大部分幼儿园，各劳动工坊普遍以"盒子化"的功能空间而存在，割裂了生活的整体性，无法跟幼儿的日常经验无缝对接，更不能保证幼儿经验的持续性。很多时候几乎只配备了常用的工具，幼儿在这里重复进行着浮于表面的劳动制作。这样的单一功能，也难以满足幼儿的自主选择。

③ 清洁和卫生问题

劳动工坊设置在户外，会受天气的影响。例如，木质的材料、搓衣板等容易发霉，茶艺坊的茶具在户外也容易被猫、老鼠等污染。所以，收拾整理及维护起来都比较麻烦，久而久之，师幼参与劳作的热情慢慢减弱。

三、环境打造指南

① 木工坊

表 2-7-1 "木工坊"打造指南

游戏点	环境选址	材料投放	游戏内容
木工坊	① 操作区空间大，便于幼儿操作，最好是周围有天然的木工材料，如竹子、树叶、树枝等	① 工具：钉子、锤子、锯子、木工刨、台钳、螺丝钉等	① 设计：幼儿在制作前进行构思和设计

游戏点	环境选址	材料投放	游戏内容
	② 材料区设置在柱子上，便于幼儿拿取 ③ 展示区可以是幼儿园的各个角落或者是班级定制	② 材料：木片、木块、树枝、珠子、竹子、石头、树叶等 ③ 操作辅助材料：护目镜、安全帽、手套、布、竹子、绳子、胶水、剪刀等	② 操作：根据自己的构想选取材料进行操作（独立或同伴间的合作） ③ 装饰：使用辅助材料进行装饰，进一步完善作品

　　木工坊根据幼儿的需求可以分成三个区域，分别是材料区、操作区以及作品展示区。材料区按材料的大小分类，便于幼儿选取；操作区提供各种各样的工具和材料（包括木块、树枝、树叶、树根、钉子、锤子、锯子、木工刨等），供幼儿操作体验。幼儿在设计、构思、组装、搭建的过程中，提升了动手能力和解决问题的能力，他们在玩中学、学中玩、玩中创作，大大激发了探究欲望。而展示区是为了让幼儿完成作品后进行展示分享，激发成就感。

图 2-7-1　捡来的树枝也是材料的一种

❷ 茶艺坊

表 2-7-2 "茶艺坊"打造指南

游戏点	环境选址	材料投放	游戏内容
茶艺坊	① 近饮用水源，取水方便，烧开水也方便	① 各种茶叶，以及菊花茶、茉莉花茶、玫瑰花茶等新鲜花茶	① 品尝茶叶、花茶，细细享受每种茶叶不一样的香气和味道
	② 近清洁收纳，方便清理瓜壳、茶渣、水渍	② 各种茶具、茶叶、熏香、与茶相关的绘本等茶文化元素	② 在安静、充满茶香氛围的环境中学习茶文化，感受环境的美好
	③ 有遮阳处，通风阴凉，安静惬意，舒适慢节奏	③ 客家擂茶、宋代点茶等可操作性茶艺材料	③ 动手实操，提高兴趣，增强动手能力，学习茶文化历史
		④ 糕点、点心、花生、瓜子、葡萄干、饼干等茶伴侣	④ 享受美食，边喝茶、边吃点心，并尝试学习剥花生、瓜子的小技巧

幼儿园茶艺坊的环境打造需要根据幼儿的年龄特点和兴趣做出调整，例如：

（1）为幼儿提供一些适宜儿童、口感丰富的花茶，比如菊花茶、茉莉花茶、玫瑰花茶等，并且在冲泡前也要注意事先了解幼儿是否会过敏；

（2）展示各种茶文化元素，比如各种茶具、茶叶、熏香、与茶相关的绘本等，营造一种充满茶香、书香的文化氛围；

（3）增添互动和体验区域，设置茶艺展示区，比如体验客家擂茶、宋代点茶等技艺。不仅可以提高幼儿对茶文化的兴趣，也能够让幼儿亲身接触和体验茶文化。

图 2-7-2 幼儿给教师倒茶

图 2-7-3 围炉煮茶

❸ 砌墙小工地

表 2-7-3　"砌墙小工地"打造指南

游戏点	环境选址	材料投放	游戏内容
砌墙小工地	① 拥有足够大的空地，阳光充足 ② 便于取水 ③ 对面拥有高楼立体墙面示范	① 砌墙工具：铁铲、抹泥刀 ② 运水工具类：水瓢、水桶、高压水枪 ③ 操作辅助类：安全帽、手套、布、木板、竹子、砖头、绳子、胶布、剪刀等	① 场景的制作：如制作家里的房子、泳池、商店等 ② 场景内装：如家里的沙发、电视、烤箱、桌子等 ③ 游戏扮演：开奶茶店就是运用水、泥和周边的花草制作奶茶，用泥制作蛋糕等

图 2-7-4　砌墙游戏

砌墙小工地可以选择在沙池、泥池中，也可选择在近沙、水的区域。将锤子、钉子、铲子、桶等简单的劳动工具投放到砌墙小工地。幼儿运用各类工具，搭建不同的游戏场景，使得劳动不再枯燥，而是将劳动游戏化，幼儿真正地体验劳动，也感受游戏的乐趣。

幼儿喜欢在砌墙小工地搭建属于他们的房子、甜品店、超市、泳池、警察局等。他们会熟练地戴上手套和安全帽，再去取水处，用水桶提水。将水和泥土混合，形成了天然的"水泥"资源，运用砌墙铲子开始和水泥，将水泥和砖头结合，运用垒高、挖空、支架等方式，创造出他们要的场景。感受砖头的轻重，感受烈日当空照的炎热和辛劳，感受建筑师的不易，但他们仍旧乐此不疲地和同伴分享着自己的创作过程，成就感满满。

4 浣衣局

1. 浣衣局

表 2-7-4 "浣衣局"打造指南

游戏点	环境选址	材料投放	游戏内容
浣衣局	① 近水源、水池处，方便幼儿取水、清洗 ② 设置合适的器具收纳柜	① 洗衣用具：盆、刷子、凳子、水舀、竹篓、木槌、洗衣板、植物皂、洗衣液等 ② 各类衣服 ③ 其他：凳子、收纳柜	洗衣服：幼儿运用材料模拟洗衣服的场景。可单人操作，也可分工合作洗衣服

"浣衣局"为幼儿提供了一个模拟洗衣服的场所。幼儿可以学习洗衣的基本步骤和技巧，培养实际生活技能，增强自理能力和自我服务的意识。

值得注意的是，教师在创设环境时要注意靠近水源，注意提醒幼儿将各类东西收纳完善整理好，避免游戏失序。

图 2-7-5 清洗衣物

2. 晾衣区

表 2-7-5 "晾衣区"打造指南

游戏点	环境选址	材料投放	游戏内容
晾衣区	① 较为干净、空旷、阳光充足的地方 ② 设置材料收纳处，临近记录、表征区域	竹竿晾衣杆、衣架等	晾衣服：幼儿将洗好、拧干的衣服用衣架挂好，或将其直接挂在竹竿上

图 2-7-6　幼儿晾晒小毛巾

幼儿在游戏中自主选择洗好的衣服，并将其挂好，培养他们的自主性和责任感。通过挂衣服的动作，幼儿可以锻炼手眼协调能力和精细动作能力，提高手部肌肉的灵活性。

教师应注意，晾衣杆要安全稳固，高度需符合幼儿的身高。

图 2-7-7　晾晒鞋子

⑤ 悦食餐吧

1. 角色游戏

表 2-7-6　"角色游戏"打造指南

游戏点	环境选址	材料投放	游戏内容
角色游戏	① 室内功能室，安全、通风，能提供舒适的游戏体验 ② 确保环境的清洁与整洁，能定期消毒 ③ 幼儿易于进入、离开，方便教师进行帮助和引导	① 角色扮演服装：厨师帽、围裙等 ② 角色扮演道具：点菜单、收银台、货币等模拟物品	① 扮演厨师：幼儿可以学习和模仿真实的烹饪过程 ② 扮演服务员和小顾客：幼儿可以学习如何与他人进行有效的沟通和合作 ③ 扮演收银员和引导员：幼儿可以学习基本的数学概念和社交技能

角色游戏能促进幼儿社会性发展。"悦食餐吧"之所以受欢迎也恰恰在于幼儿不仅可以在这里享受阅读和美食，更重要的是幼儿在这里可以扮演真实的角色，如厨师、服务员、顾客、收银员等。通过扮演不同的角色，幼儿可以学习和模仿真实生活中的各种角色和行为，同时也培养他们的合作意识、沟通能力和自我表达能力。这种角色扮演游戏不仅能够提供有趣的和具有创造性的学习体验，还可以为幼儿的整体发展奠定坚实的基础。

在投放料时，需要注意以下三点：

① 材料的安全与清洁：确保投放的材料符合安全标准，并做好定期清洁和消毒。

② 材料的组织和摆放：将材料有序地组织和摆放，以便于幼儿选择和使用。

③ 材料的丰富性与开放性：联系幼儿的生活经验，投放的材料数量和类型应满足幼儿游戏的兴趣和需要，投放不同梯度的游戏材料以满足不同年龄段幼儿的需求。

图 2-7-8　售卖面包

图 2-7-9　忙碌的"后厨"

2. "悦"享美食坊

表 2-7-7 "'悦'享美食坊"打造指南

游戏点	环境选址	材料投放	游戏内容
"悦"享美食坊	① 近水源处，方便幼儿取水、清洗 ② 设置合适的器具收纳柜 ③ 温馨舒适的氛围，有家一样的感觉	① 厨具：锅、碗、瓢、盆、勺、杯、铲等真实的厨具 ② 家具：消毒柜、桌椅等家具 ③ 真实的蔬菜水果，制作食物的材料 ④ 清洁工具：小扫帚、垃圾铲、刷子、抹布等	① 食材准备：幼儿可以学习如何准备食材 ② 烹饪过程：模拟真实的烹饪过程，比如搅拌、炒菜、烤面包等 ③ 餐厅服务：角色扮演游戏 ④ 清洁与整理：学习如何清洁和整理厨房，包括洗碗、擦桌子和整理用具等

图 2-7-10 清洗工具

"悦"享美食坊是一个有趣且富有教育意义的游戏区域，可以帮助幼儿学习和发展各种技能。幼儿采摘自己种植的新鲜食材，在美食坊开展自发、自由、自主的烹饪活动，体验传统、健康的烹煮过程。幼儿在做一做、尝一尝、说一说的过程中，积极动手，大胆探索，感受食材，体验成功，享受劳动的快乐。

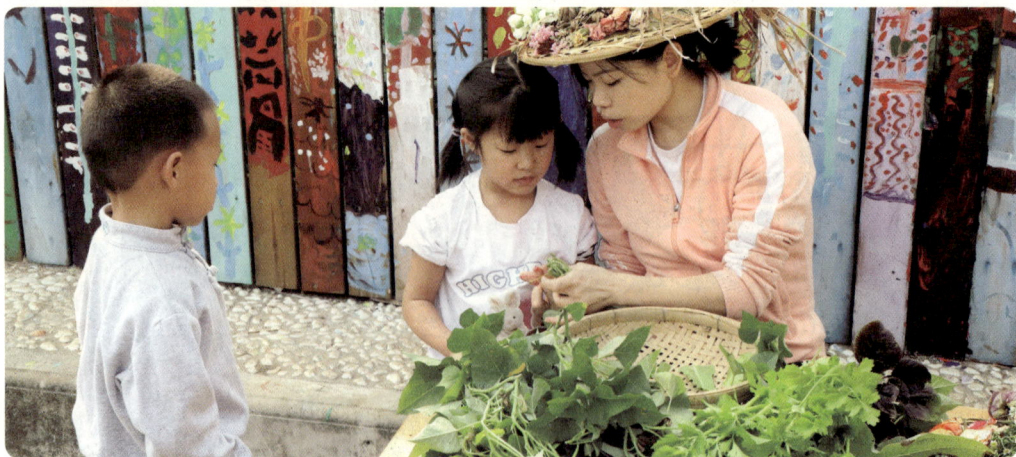

图 2-7-11 采摘收获

6 快递局

"快递局"同别的区域不一样，虽没有其他区域布景精致、种类繁多，但它是幼儿自主策划的成果。幼儿化身为"快递员"，努力建设并经营这个小小的快递站，真正成为用心付出的小主人，拥有着主人翁意识和自主策划的能力。

快递局主要分为工作间、下单区、包装区、送货区、循环利用回收区。

图 2-7-12 田园集市移动摊位

图 2-7-13 推车去送外卖

1. 工作间

表 2-7-8 "工作间"打造指南

游戏点	环境选址	材料投放	游戏内容
工作间	① 阴凉处，方便下单送快递 ② 离仓库比较近，方便拿取材料	① 材料：纸箱、快递防震气泡袋、贴纸 ② 家具：椅子、桌子	① 寻找合适的工作间：小朋友们分组寻找合适的地方，了解仓库在哪里、材料准备情况，提前做好计划 ② 尝试开展快递活动：提供纸箱、贴纸、快递单，幼儿自由选择，自主摆放好快递摊位，尝试进行游戏活动

了解、体验各种职业是幼儿适应社会生活的有效途径。快递是幼儿生活中经常接触的一个职业。"快递员是如何工作的"是幼儿的兴趣所在，我们期望幼儿通过自己的亲身经历，理解"快递"这一职业。

图 2-7-14 收营员

2. 下单区

表 2-7-9 "下单区"打造指南

游戏点	环境选址	材料投放	游戏内容
下单区（大门口雨棚下）	① 较为干净、有遮阳设施的场地，及合适的桌子方便填写快递单 ② 设置材料收纳处，临近记录、表征区域	① 材料：快递单、记号笔、透明胶、剪刀、塑料大筐 ② 服装：韵达、中通、顺丰等快递服装（马甲＋帽子）	① 了解快递单：观察快递单上的单号、收件人、寄件人等信息，还有供扫描的一维码和快递包裹重量的记录 ② 情景模拟游戏：填写快递单，并展开想象游戏

　　幼儿在区域游戏中面对一个个难题时，总能与同伴一起通过实际操作来找到解决问题的答案，既发展了与同伴之间的合作能力，也初步体验和感知到了快递这个职业的工作内容和重要性。幼儿在前，教师在后，深度学习也就随着幼儿的游戏节奏自然而然地发生了。

图 2-7-15 记录"顾客"需求

3. 包装区

表2-7-10 "包装区"打造指南

游戏点	环境选址	材料投放	游戏内容
包装区（大门口雨棚下）	① 阴凉的地方，方便操作材料 ② 设置材料收纳处，有填写实验记录表的地方	① 纸箱、泡沫棉、防震气泡袋、报纸、布料等 ② 工具：剪刀、胶带切割器、绳子等	防摔实验：幼儿利用不同材质的防震材料进行实验，通过实验了解什么材料能最好地保护快递包裹不受损

4. 送货区

表2-7-11 "送货区"打造指南

游戏点	环境选址	材料投放	游戏内容
送货区（骑行区旁）	① 离手推车、单车近的位置。场地开阔，有足够的空间给小朋友搬运快件 ② 有遮阳棚、树荫等遮阳设施	① 基础工具：手推车、单车等 ② 服装：韵达、中通、顺丰等快递员服装（马甲+帽子）	运输快递包裹：幼儿利用各种运输工具进行运送，自主搬运快递展开游戏

图2-7-16 运送钵仔糕

5. 循环利用回收区

表 2-7-12 "循环利用回收区"打造指南

游戏点	环境选址	材料投放	游戏内容
循环利用回收区（快递房旁边）	① 离材料比较近的地方：快递房旁边 ② 显眼的地方，小朋友看见就知道这里可以放回收的纸箱等回收物 ③ 阴凉的地方	① 可以拆快件的工具：剪刀 ② 收纳的工具：箱子、大的红色塑料筐等	① 拆快递包裹：把快递上多余的透明胶带撕下来 ② 整理快递包裹，将处理好的快递包裹分类整理好，放在对应的地方

了解快递员的工作内容，在讨论、分工合作中体验快递这一职业的辛苦及重要性，丰富幼儿对快递员这一角色的认知，进一步提高他们社会人际交往的经验；同时，利用生活机会和角色游戏，帮助幼儿了解与自己关系密切的社会工作。

图 2-7-17 废旧瓶子变身饮料杯

"劳动工坊区"户外赋能小视频

视频 2-7-1 浣衣局   视频 2-7-2 木工坊   视频 2-7-3 砖块搭建区

安静休憩区是幼儿园户外环境中不可或缺的一个部分，为幼儿提供了宁静、温馨的游戏空间。幼儿可以在这里安静地做园艺，躺在草地上发呆，和好朋友在树荫下闲聊，随意采摘花朵草叶来做一个小手工，享受闲暇悠长的游戏时光。

一、区域核心价值

安静休憩区是较为独立、私密的游戏空间，满足了幼儿想要离开人群一会儿或和亲密好友度过独处时光的愿望。在安静休憩区，幼儿可以暂时远离喧嚣，坐下来观察、沉思、躲藏、做梦，甚至冷静一会儿。在这样安静的环境里，幼儿自然而然地身心放松，产生天马行空的想象，然后再投入激情活力的户外游戏中去。总之，安静休憩区的核心价值有以下三个方面。

① 满足幼儿的游戏需要

在快节奏和有趣的户外游戏之后，幼儿可以在安静休憩区中放松平静下来。这种平衡有助于培养幼儿的自我调节能力，使他们能够更好地管理自己的情绪和注意力。此外，安静细致游戏还为幼儿提供了自我表达和独立思考的机会。幼儿在安静休憩区有充足的时间完成细致、耐心的游戏，展示他们的个性和想象力。这种自我表达的活动有助于增强幼儿的自信心和创造力，并鼓励他们独立思考和解决问题。

② 留出"秘密空间"

安静休憩区还为幼儿提供了更加自由、私密的"秘密空间"，他们可以在其中与朋友们互动和交往。例如，设立小窝或小帐篷，幼儿可以与朋友们一起玩耍、分享故事，以及探索合作和角色扮演。这样的空间为幼儿建立友谊、培养社交技巧和团队合作能力提供了机会，同时也尊重了幼儿独立游戏和隐私的需求。

③ 利用半户外游戏场地，增进与自然的互动

安静休憩区的设置可以充分利用半户外的游戏场地，并实现室内外游戏课程的有机链接。例如，在风雨连廊、大阳台、树屋等半户外游戏场地设置安静休憩区，幼儿可以在自然的环境中享受安静的游戏活动。这样的设置可以促进幼儿与自然互动，增加他们对环境的认知和探索。同时，通过与室内课程的连接，可以在安静休憩区进行绘画、阅读活动等，将室内外游戏融合在一起，提供更丰富的学习体验和环境刺激。

二、问题扫描

一提到户外游戏，也许你脑海里的第一印象是充满欢笑和激情的跑跳游戏，又或者是野趣十足的自然游戏，总是幼儿在忙忙碌碌地游戏的身影。那么在户外设计一个什么都不用做的"放空"区域行得通吗？是否有必要呢？我们可以先从三个常见问题，来思考、探讨一下户外游戏中动静平衡和通过户外游戏环境设计所要达成的课程平衡。

① 户外游戏体育化

户外游戏体育化问题，即当前许多幼儿园的户外游戏，重视大肌肉运动，将户外安静游戏与室内游戏等同，忽视户外自然环境独特的安静休憩价值。但实际上，放松身心正是户外自然环境的重要功能，正如我们成年人去公园玩时，并非次次都追求游戏刺激，不玩到满身大汗不罢休。相反，有相当多的时间里，我们只想在一个安静的地方坐卧自如，拥抱自然，休养身心。幼儿亦如此。

② 缺乏户外"秘密空间"

"秘密空间"是指能够容纳个别或几名幼儿，可以自由玩耍、随意闲谈和游戏的相对隐秘的游戏空间，有的幼儿把它叫作"家"，有的幼儿把它叫作"秘密基地"。而我们在观察幼儿园户外环境时，发现"秘密空间"是很缺乏的。这源于教师的安全责任焦虑，想要将每个幼儿的行动都尽收眼底，以最大限度减少安全隐患，教师管不到的"秘密空间"则是随时可能引爆安全问题的焦虑源。另外一个重要的原因则是教师的"指导"焦虑，教师在户外游戏中负有观察、记录、指导的职责，因此，总是忍不住想问问幼儿在做什么，进行拍照记录或指导，一个教师的眼睛看不到的"秘密空间"亦是焦虑成因。

实际上，幼儿需要一个独属于自己的秘密空间，一个教师关注和指导之外的、完全自由的空间，这是精神空间和物质空间的双重需求。我们的户外环境常常缺乏浪漫主义的想象空间。安静休憩区是能够达成安全性与私密性平衡的良好区域。

③ 室内外游戏同质化

单纯、机械地将室内游戏材料搬到户外游戏区域中，没有利用户外游戏场地的独特优势，是造成室内外游戏同质化的主要原因。户外环境拥有开阔的空间、丰富的自然资源，这是与室内环境的重要区分之一。因此，教师需要将室内游戏和户外环境的独有优势有机结合。比如，在户外编织游戏区投放树叶剪和粗织针，幼儿能够随时去收集芭蕉叶来做"树叶缝"，这与室内常开展的"针线缝"不一样；在树荫下投放小帐篷，幼儿能够体验睡在草地上的独特感受，这与室内娃娃家的柔软织物体验也不同。

三、环境打造指南

① 休憩小桌

表 2-8-1 "休憩小桌"打造指南

游戏点	环境选址	材料投放	游戏内容
休憩小桌	① 靠近操场、大型建构区等体能游戏区域 ② 阴凉、舒适、易于清洁的空间	① 遮阳设施：太阳伞或遮阳帆 ② 休息家具：木质休息桌椅 ③ 幼儿生活用品：水壶架、洗手池等 ④ 其他工具性材料：纸、笔、剪刀、麻绳等	① 休息、喝水 ② 遮阴、闲聊、探讨分享游戏内容 ③ 进行写生和拓印等安静活动

图 2-8-1 爬笼下的休息处

幼儿在户外游戏时通常很活跃，活动量大，幼儿在玩耍时可能会感到疲劳或口渴。休憩小桌为他们提供一个舒适的休息场所，可以放松身心，以便能够更持久地参与游戏活动。其次，户外游戏可能受到天气的影响，例如炎热的夏天或阳光强烈的午后。休憩小桌提供了一个遮阳的地方，让幼儿避免过度暴露于阳光下，预防中暑或晒伤。另外，休憩小桌也是幼儿集结的地方，他们可以在此与朋友们聊天、分享游戏经验，促进友谊的建立。这样的交流有助于幼儿增进彼此的了解和合作意愿，同时培养他们的社交技能。

❷ 秋千吊床

表 2-8-2　"秋千吊床"打造指南

游戏点	环境选址	材料投放	游戏内容
秋千吊床	① 设置于两棵高大、结实的树木之间，能承受数名幼儿的重量 ② 吊床设置于柔软的草地或土地上方，前后无遮挡，将周围的尖锐石头清理干净 ③ 设置布制吊床收纳处，以备雨天收整	① 布制吊床 ② 粗麻绳 ③ 木板、轮胎等	① 休息、喝水 ② 遮阴、闲聊、探讨分享游戏内容

　　将吊床和秋千设置在自然环境中，如林荫处或花园旁。幼儿在吊床和秋千上玩耍时，可以观察树木的变化、感受微风拂面，甚至可能看到蝴蝶飞舞或小昆虫探头探脑。与自然这样的互动，可以给幼儿提供了体验美的机会，激发幼儿的好奇心，让他们主动去探索和发现自然奥秘。同时，荡来荡去的秋千、吊床也是一个社会交往的好场合，我们常常能观察到在这个游戏点发生较高水平的合作游戏。

图 2-8-2　惬意的休息

❸ 露营小窝

表 2-8-3 "露营小窝"打造指南

游戏点	环境选址	材料投放	游戏内容
露营小窝	① 安全性：较为干爽、凉快处，避免坑洼或陡峭的地形 ② 隐秘性：采用半透明的围栏、小窗、植物遮蔽、架高等方式，兼顾教师监管和幼儿私密游戏需要 ③ 灵活性：露营小窝可以是幼儿自主选址、自主搭建的游戏环境	① 温馨布艺小窝：竹竿、布料、垫子、毛绒玩具等 ② 自然脏玩小窝：竹竿、藤条、稻草秆、厨具等 ③ 野战游戏小窝：户外帐篷、迷彩布、绳网、木箱等	① 想象扮演游戏，如过家家、野炊等 ② 安静休憩活动，如闲聊、睡觉、晒太阳、吃点心等 ③ 野战拓展游戏，如同在野战游戏小窝玩 CS 野战拓展游戏

图 2-8-3 露营小窝

日常和幼儿相处的过程中不难发现，大部分幼儿都很喜欢甚至可以说很痴迷"小窝"空间，就算没有帐篷，藏进桌子底下、窗帘背后、纸箱里面，都可以为幼儿带来一种难以言说的愉悦。这是由于世界上的大部分东西对于幼儿娇小的身材来说，都太大了、太空了，反而是小窝、缝隙里小小的空间对于他们来说刚刚好，幼儿喜爱被包围、被包裹的感觉，类似于被怀抱的安全感。另外一个重要原因则是幼儿对独立性的心理需求，符合儿童尺寸的"小窝"，幼儿认为是在自己掌控能力范围内的，这是"我的地盘"，大人非请勿入，这是幼儿独处或者亲密社交的秘密基地。

所以，教师在创设露营小窝时，应当注意强化游戏区域的两个心理特点满足——安全性和独立性。其中，安全性需求可以通过提供儿童尺寸的专属物品、添加布料等柔软材料达成。独立性需求则可以尝试提供低结构材料支持幼儿自主搭建露营小窝、提供僻静舒适的空间环境等方法达成。

❹ 温暖书屋

表 2-8-4 "温暖书屋"打造指南

游戏点	环境选址	材料投放	游戏内容
温暖书屋	① 安静舒适：选择一个安静、舒适的位置，远离喧闹和游戏区域，让幼儿在阅读时能够较为专心投入 ② 避免阳光直射：提供遮阳，避免书籍受到暴晒，同时避免幼儿在阳光直射下阅读 ③ 与自然环境融合：如树荫下、花园旁，增加阅读活动的自然氛围	① 家具：书架、座椅、柔软地毯等 ② 绘画工具：纸、笔、画板、展板等	① 绘本阅读：幼儿自主选择喜欢的绘本进行阅读 ② 绘画创作：幼儿自主绘画创作 ③ 图书分类整理：幼儿按照主题或封面颜色等进行图书分类整理游戏 ④ 图书分享：幼儿可以带自己最喜欢的绘本来，在书屋的展板上画下自己最喜欢的绘本及推荐理由，进行分享交流

儿童绘本里的主角常常是自然精灵的小动物，描绘的场景常常是森林、沙漠、海洋等广阔自然的旖旎风光。但是，幼儿大部分时间都必须规规矩矩地坐在室内的小椅子上看绘本，这种矛盾的感觉可谓是"身不由己"。所以，阅读区并不是室内专属，相反，走出去，在开阔的户外阅读，会收获与自然更亲近、心境更开阔的阅读感受。

同时，户外游戏中也非常需要绘本等阅读材料的支持，因此首先要根据幼儿园户外环境的现有资源投放知识性绘本支持幼儿进行探究游戏。如幼儿园昆虫较多，可以投放绘本《好忙的蜘蛛》；幼儿园拥有金鱼池资源则可以投放《鱼就是鱼》等，引导幼儿观察身边有趣的自然物。其次，要结合幼儿的兴趣投放故事性绘本支持幼儿进行想象游戏，如《母鸡萝丝去散步》《逃跑的煎饼》等，有利于幼儿结合户外游戏环境玩想象游戏。最后，表达是和阅读紧密联系的活动，在"温暖书屋"中，不应该像图书馆里那样只能静静地看书，还应提供绘画工具、图书推荐板等辅助表达的材料，支持幼儿阅读后去说、去做、去玩。

图 2-8-4 户外书屋　　图 2-8-5 专注看书的幼儿

⑤ 科探小亭

表 2-8-5 "科探小亭"打造指南

游戏点	环境选址	材料投放	游戏内容
科探小亭	① 设置于户外游戏区枢纽处，临近探究游戏区、自然种植区等 ② 遮阳、通风条件好	① 探究工具：放大镜、电子秤、玻璃罐、标本纸、捕捉网等 ② 记录工具：纸、笔、画板、粉笔等 ③ 科探资料：绘本、挂图、昆虫或植物标本、矿物等	① 写生绘画：幼儿取用写生本将游戏中的发现记录下来 ② 制作标本：幼儿在其他区域收集喜爱的自然物，将它制作成标本

幼儿在户外游戏过程中，时常会有惊奇的新发现，或是发生探究兴趣，需要有安静、细致的游戏空间和探究记录工具，需要及时和教师聊一聊游戏发现，以便进一步进行探究。因此，科探小亭应是相对安静的科学探究区域，放置绘画板、纸笔、标本制作卡、放大镜、显微镜等科探工具，让幼儿能够在这里及时找到自己需要的工具和资料，进行思考和探究。

图 2-8-6 科探小亭

第九节　艺术创造区

每个幼儿心里都有一颗美的种子。艺术创造区是让幼儿自由大胆地进行表现表达的活动区域。在这里，幼儿能够进行各种创造性活动，充分展现自己的天性和潜力。幼儿通过大脑、身体动作与艺术环境进行操作互动，激活身心体验，从而感知事物的显著特征，萌发对美的感受和体验，丰富想象力和创造力。

一、区域核心价值

❶ 感受与欣赏

将艺术创造区从室内延伸到户外，抬头能仰望星空，低头能观察微妙的小世界，大自然的一草一木皆为幼儿感受和欣赏美提供源源不断的灵感。可以欣赏一片树叶的纹理，一块石头的奇特形状、蔚蓝天空上随风变化的云朵，也可以感受春风吹过百草园的清新，感受太阳赐予大地的五彩斑斓，感受发现和创造美好的心流体验。在幼儿眼里，事物都是具体的、生动的、有趣的、充满生命力的。正是由于思维的直觉性、具体符号性和情感性这些特点，才使幼儿的艺术作品充满了活力与魅力。

❷ 表现与创造

幼儿独特的笔触、动作和语言往往蕴含着丰富的想象和情感。在艺术创造区，幼儿可以拿一支大号粉笔在大地上肆意地涂鸦，也可以拿一把沾满五颜六色的刷子任意挥洒出心中的彩色世界；可以在中式书吧体验中国汉字的行云流水，用积木垒砌城堡和大桥；可以穿上舞台上闪耀的服装，按照自己的喜好随意穿搭，自信地走上舞台。最大限度地发挥自身的潜能，在愉悦放松的状态下，展现自己的独特魅力。艺术是幼儿与世界对话的一种方式，是表达对世界认识的另一种"语言"。

图 2-9-1 涂鸦区随处可涂

二、问题扫描

艺术创造游戏活动的形式是多样的，如绘画、泥塑、音乐、表演等。经过长期观察，我们发现幼儿园户外艺术创造区的环境创设存在以下两个常见问题。

❶ 材料投放困难

艺术创造区是游戏材料较为复杂、材料更换维护频繁的区域，使用前需要教师事先做的准备工作较多，耗时耗力。首先是多样性材料带来的挑战，艺术创造区通常需要提供各种不同类型的材料，如绘画用品、手工制作工具、雕刻材料等，以满足幼儿的多样化创作需求。不同类型的材料需要不同的存放和维护方式，增加了管理的复杂性。其次是频繁更换和维护的问题，由于幼儿在艺术创造区进行创作时会使用和损耗材料，需要经常进行补充和更换。同时，有些艺术材料可能较为脆弱或容易磨损，需要及时检查和维护，以保持良好的使用状态。

❷ 美工游戏畸重

在一些传统的教育观念中，美工活动被认为是培养幼儿创造力和艺术表现力的主要手段，忽视了其他艺术表现形式，导致美工活动在户外艺术创造区中占据主导地位。还有部分幼儿园由于教师指导水平或资源设施限制，无法提供多样化的艺术创造游戏。美工活动相对于音乐、舞蹈、表演等其他艺术创造游戏更加简单且易于组织，因此更容易成为首选。但艺术创造区作为促进综合发展的游戏空间，应该提供多样化的艺术体验，关键在于户外艺术创造区需要提供更加多元的艺术创造游戏材料，包括音乐游戏、表演游戏、诗歌阅读等支持材料。

❸ 支持性材料缺乏

艺术创造区的材料丰富多样并不意味着能够对幼儿的创造性游戏起到关键支持作用，我们常常能够观察到幼儿在艺术创造区的游戏是重复单调的，例如无主题的涂鸦、随性的敲鼓。因此，教师在艺术创造区的环境创设和材料投放上，需要有层次性、有支持性。例如，如果一个幼儿想画一朵木槿花，除了提供纸笔、画板，还可以提供放大镜，让幼儿看看木槿花梗上的绒毛；可以提供研磨臼，让幼儿试试捣碎花朵观察花瓣汁液的颜色；还可以提供色彩镜，让幼儿观察不同光线下的花朵。通过多样而有支持性的艺术创造材料，帮助幼儿先认真地观察、感受自然的美，进而创造出更高水平的作品。

三、环境打造指南

❶ 涂鸦区

表 2-9-1 "涂鸦区"打造指南

游戏点	环境选址	材料投放	游戏内容
涂鸦区	① 有足够的场地，自由的空间有助于幼儿自主参与活动，接触大自然 ② 有展示作品或陈列作品欣赏艺术作品的地方 ③ 接近水源，方便取水或清洗	① 涂鸦工具和材料：各种类型的颜料、刷子、画笔、粉笔、自然材料等 ② 涂鸦区域：墙面、地面、树叶、保鲜膜等 ③ 作品展示类：展示墙、作品陈列区	① 大笔涂鸦：用拖把、油漆滚筒、身体等工具，进行大范围涂鸦创作 ② 描绘光影：身体摆出各种姿势，并用粉笔在地面上描绘出影子 ③ 保鲜膜写真：在透明的大块保鲜膜上，描画出保鲜膜后的景物 ④ 自然物涂鸦：在树叶、树枝、石头等物品上涂鸦创作

涂鸦区是为幼儿提供自由涂鸦和创作的个别化学习场所。幼儿涂鸦是未经成人雕琢和干扰的艺术表现形式，它能够真实地体现幼儿的内在生命状态、身心发展水平和自我发展需求；能够激发幼儿的表达欲望和提升幼儿的表现水平，促使幼儿在涂鸦过程中获得艺术、动作、情感、认知、社会交往等方面的发展。同时，涂鸦是一种游戏，是一种轻松、愉快的活动。也是尊重幼儿的意愿和兴趣，让幼儿随心所欲，尽情表达。

图 2-9-2 粉笔涂鸦

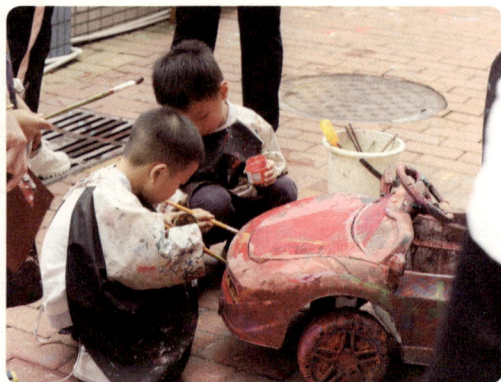

图 2-9-3 涂鸦"汽车"

❷ 瞬时艺术创作区

表 2-9-2 "瞬时艺术创作区"打造指南

游戏点	环境选址	材料投放	游戏内容
瞬时艺术创作区	该区域仅需一个存放画框的固定地点，不限制幼儿的游戏环境	① 各种尺寸、大小、形状的空画框 ② 小篮子、花、叶子、果实、木块、麻绳、布块、毛石、玩具等 ③ 相机、纸笔、拓印墨等记录工具	① 收集自然物：幼儿自主收集花朵、石子等自己喜爱的"宝物" ② 摆放拼搭：将收集到的自然物用喜欢的样子摆放在画框内，形成一幅可活动的艺术画 ③ 欣赏记录：用拍照、绘画、拓印等方式记录自己的瞬时艺术作品

　　瞬时艺术创作区是一个综合艺术游戏，鼓励幼儿在户外自然中收集各种自然物品，然后拼贴摆放在画框里，形成美丽而富有想象力的艺术作品。在户外寻访、收集自然物品的过程中，幼儿能更好地观察和了解植物、石头等自然元素。进行创造性的自然拼贴游戏，幼儿可以学会欣赏大自然中各种美丽的元素，并将这些元素融入自己的艺术作品。在这个游戏中，教师可以给予幼儿一些启发和指导，但更重要的是他们自由发挥的空间，让他们用心感受大自然，用自己的创意和想法创作出独一无二的艺术作品。这样的创作过程既有趣又有意义，能够促进幼儿良好的艺术素养的形成。

图 2-9-4　瞬时创作区

图 2-9-5　树墩上的游戏

❸ "泥"好陶艺坊

表 2-9-3 "'泥'好陶艺坊"打造指南

游戏点	环境选址	材料投放	游戏内容
陶艺坊	① 泥巴池近水源处，也可以在木屋、阁楼下面，最好周围有天然的材料，如花、叶子、竹子、石头、果实、木块等，可作为辅助装饰 ② 材料区设置在墙面上和桌面上，便于幼儿拿取 ③ 作品可以展示在墙面、教室、吊饰、挂件等	① 工具：拉坯机、陶艺转盘、施釉工具、电窑、模框、装饰绘纹工具，如竹刀等 ② 材料：陶泥、釉料、花、叶子、果实、木块、麻绳、布块、毛石等	① 设计：幼儿可以按照自己想捏的形状去做，或者根据某一主题创作 ② 操作：根据自己的构想选取材料操作（独立或同伴间合作） ③ 装饰：使用辅助材料进行装饰，进一步完善作品

图 2-9-6 陶艺坊

陶艺坊材料以湿润柔软的陶土作为主要媒介，辅以木片、麻绳、布块、毛石等生活中丰富的工具和材料，环保安全，让幼儿在自由轻松的环境和氛围中捏、揉、搓、拉，锻炼动手能力，启迪心智。

陶艺坊的空间环境打造需要注重文化特色，兼顾作品展示功能，以一些简单且容易制作的陶艺作品作为陶艺坊的点缀元素。不需要复杂的造型，也不需要繁琐的工序，能为陶艺坊增添不一样的亮点，看似平常的小物件会有很多意想不到的效果。在进行陶艺制作的时候，需要用到的工具材料比较多，收纳不好会造成空间杂乱，不利于幼儿创作活动。可以利用教室及走廊墙体安装置物架，增加收纳功能，放置幼儿平时的作品，既可以美化环境，还能增强幼儿的自信心及创作兴趣。

图 2-9-7 "小泥工"忙碌中

❹ 编织坊

表 2-9-4　"编织坊"打造指南

游戏点	环境选址	材料投放	游戏内容
编织坊	① 空间大或者不常用，便于幼儿操作的场所，如游泳池、空旷的楼道等 ② 周围有天然的木工材料，如竹子、干树叶、树枝 ③ 工具区设置在柱子上，便于幼儿拿取	① 工具：棉签、木筷子、剪刀、钩针、织针、绣花针、绣绷、针、线、织架等 ② 材料：竹篾、狗尾巴草、芦苇花、棕榈树叶、棉绳、毛线、针线、布条、不织布等 ③ 操作辅助材料：绘本、玩偶、各种编织饰品、珠子	① 民间编织：编竹篮、编花环等自然材料编织 ② 布艺编织：曼达拉编织、五指编、编挂毯等 ③ 综合游戏：制作捕梦网、阅读相关绘本、展览编织品、利用编织品玩角色游戏等

竹编和草编是珠海市三灶镇的民间传统非遗编织技艺。在"民间编织"区域注重传统编织技艺亲近自然的情感、巧编自然物的技术，投放了竹篾、狗尾巴草、芦苇花、棕榈树叶等自然材料。幼儿可用这些材料编织竹篮、树叶房子等。这些自然材料与生活紧密联系，使幼儿的游戏更真切自然，更能激发幼儿的探索欲望。

图 2-9-8　各种各样的线

布艺编织是学习现代布艺编织技术的游戏。布艺编织区投放了棉绳、毛线、针线、布条、不织布、棉签、木筷子、剪刀、珠子等材料。幼儿可用这些材料编织五指编、曼达拉、挂毯、刺绣、彩虹房子等。所有游戏材料均遵循让幼儿"看得见、拿得到、放得回"的投放原则，随手可拿，不受约束。

图 2-9-9　多种多样的编织材料

综合编织游戏区则是一个一区多玩的编织拓展游戏区域，既可用于展览幼儿的编织作品，还可提供阅读活动、想象游戏等多元的游戏空间。这里投放了绘本、玩偶、各种编织饰品，幼儿在这里既可以独自阅读绘本与同伴聊天、玩角色扮演游戏，还可用墙上编织帽垂下的棉绳编织"捕梦网"。

❺ 艺术染坊

表 2-9-5　"艺术染坊"打造指南

游戏点	环境选址	材料投放	游戏内容
艺术染坊	① 空间可以是幼儿园空旷的楼道、闲置的区域，靠近水源，有晾晒的空地等 ② 周围有天然的树，可以用来晾晒作品	① 工具：架子、量勺、橡皮筋、橡胶手套、手工白胶、小围裙、剪刀、夹子、盆等 ② 材料：染料、布、纱、线、绳、水等 ③ 操作辅助材料：珠子、染料瓶、小石子、硬币、瓶盖、雪糕棍	① 欣赏各种扎染作品 ② 对织物进行扎、缝、缚、缀、夹等多种形式组合后染色 ③ 用木制夹子将扎染好的各种作品精心悬挂起来

图 2-9-10　晾晒作品

扎染的环境创设需要让幼儿有身临其境的感觉，位置可以是幼儿园大厅或楼梯拐角空闲区域。利用扎染作品来增添色彩，以色彩为主要元素。所需材料有纯天然棉、麻、丝等布料，不同颜色的染料，稍粗的绳子、纸、布、挂钩、木制夹子等辅助扎染的工具。通过运用染料、布料、天然植物等各种材料进行印和染的手工实践活动，引导幼儿感受中国传统工艺的文化内涵与审美艺术，培养幼儿的文化自信。

图 2-9-11　合作扎染

⑥ 自信小舞台

表 2-9-6　"自信小舞台"打造指南

游戏点	环境选址	材料投放	游戏内容
自信小舞台	① 空旷、开阔、阴凉的地带 ② 位于各游戏区的中心枢纽处，利用"招徕"小观众 ③ 靠近绘本阅读区、大型建构区等资源点	① 服装道具：衣裙、假发、高跟鞋、魔法棒、儿童专用化妆品、布帛丝巾等 ② 搭建材料：碳化积木、布帛、红毯等 ③ 视听资料：绘本、音响、卡通贴纸等 ④ 记录反馈：化妆镜、全身镜、相机、写生本等	① 装扮游戏：幼儿利用各种服装道具装扮自己和同伴 ② 建构游戏：幼儿自主设计、搭建舞台、布置场地 ③ 表演游戏：幼儿根据兴趣进行绘本故事表演、音乐表演、舞蹈表演、时装走秀等活动 ④ 欣赏记录：幼儿通过照镜子、自拍、绘画记录等方式欣赏自己和同伴

　　传统的表演游戏区常常是"高控"的，教师通过播放固定曲目、排练舞蹈等手段来"出效果"，幼儿的表演游戏被局限在表演动作本身上。但实际上，自主表演游戏需要幼儿参与更多的环节，如表演剧目的选择和排练；需要幼儿有充分的时间反复阅读、谈论喜爱的绘本故事。又如自主表演需要幼儿合作进行角色装扮、舞台设计、搭建。因此，要想改变"高控"的表演游戏，需要将表演游戏的各个环节自主权还给幼儿，丰富表演游戏。这个区域的基本设施有三个方面，一是图书馆绘本资源，二是服装等道具材料，三是炭化积木建构材料。在此基础上可开展阅读、表演、欣赏、建构等多种游戏，将表演游戏区变成一个跨领域学习的综合游戏区。

　　此外，我们还需要重新思考表演游戏的意义是什么。在传统的表演游戏区，小观众常常是"无精打采"的，他们有的是被同伴拉来的，有的是被老师要求轮流来当观众的。对他们来说，当观众是否真的是一种有趣的游戏呢？幼儿玩表演游戏的目的又是什么？不难发现，其实很大一部分幼儿在表演游戏中最喜悦的时刻并不是观众的鼓掌，而是沉浸于表演的自我陶醉，精心装扮后的"臭美""耍帅"。每个幼儿都有自我欣赏、自我肯定的需要，因此表演游戏区增加了大全身镜、相机、写生本等，支持幼儿体验自我满足感。

图 2-9-12　飘色舞台

图 2-9-13　飘色花车游行

"艺术创造区"户外赋能小视频

视频 2-9-1
编织区

视频 2-9-2
画石头

视频 2-9-3
涂鸦区

视频 2-9-4
扎染工作坊

视频 2-9-5
装扮区

第三章

教 研

——消弭边界的教育力量

师幼互动的力量

一、如何观察幼儿游戏

① 问题扫描

问题扫描一：学了很多理论，却看不到游戏的"假"

一群幼儿头戴小兔头饰，手挎篮子，跟随一位头戴兔妈妈头饰的教师，依次走过羊肠小路，走过独木桥，跨过小沟，来到草地上采摘蘑菇，再原路返回。户外教研时，园长提出质疑，幼儿真的开心吗？教师真的支持幼儿游戏了吗？教师们不理解地表示：幼儿玩得很开心呀，还练习了走、钻、跳、跨等动作。但是为什么被园长"批评"了呢？

问题扫描二：流水账似的记录，却说不清幼儿的学习

"看得见，却看不懂"是很多教师在观察幼儿时的真实困惑。一名教师表示：我把幼儿的游戏拍了下来，几乎每一个细节我都有记录，幼儿做了什么动作、说了什么话、玩了哪些材料，过程中与同伴进行了哪些互动等，可是让我来分析游戏背后的学习，总是缺少深度，说不出所以然来。

问题扫描三：分身术或分身乏术

教研中提到，教师要做一个观察者、支持者、合作者、引导者，还要做安全的守护者……教师就像是孙行者，会分身术。在这么多身份角色中，在户外自主游戏中，教师要在不同角色中完美切换，既要能够仔细观察幼儿，又要能切换为游戏的引导者，这样的切换过程，也会造成观察内容不完善、不连续、不严谨的问题。

② 原因分析

（1）成人中心的思维方式根深蒂固

许多教师学习了很多与观察评价相关的理论体系，但是在面对幼儿的游戏时，却本末倒置，不由自主地陷入成人中心的思维方式，抑或是经验主义式观察。幼儿要么听教师"指令"行事，要么努力"配合"教师拍摄，要么心早就不知道飞到了哪里。幼儿不愉悦、不参与，

就会喊出来，但教师却视而不见，依然在自说自话地分析幼儿"正在学习什么"。这并非某一名教师个人的问题，而是一种长久以来的成人中心视角导致的思维定式。这种思维定式认为，只要幼儿"参加"了教师精心设计的游戏、活动，就能获得教师想让他们实现的目标。虽然这些"事情"已经从最初的集体教学发展为更有趣味的"活动"，但是其本质没有变，那就是幼儿依然生活在教师的"设计"里，他们并没有在游戏。

（2）缺乏透过现象看本质的专业能力

很多教师事无巨细地写出游戏情节是如何发展的，可是知道幼儿做了什么事情、说了什么话，然后呢？事实上，比起用一大段文字写出一分钟内发生的事情，往往条分缕析的几个要点就能道明幼儿学习的本质——这种"分析"才是对教师专业功力的考验，其所需的脑力投入程度要高得多。它要求教师透过幼儿行为和语言的表象，看到其背后学习的本质。幼儿是否正在参与？他们是否感到愉悦？他们正在练习哪些技能、培养哪些品质？他们对发展目标的实现程度如何？当教师开始思考这些问题的时候，观察和记录才会变得有焦点、有目的。

❸ 经验策略

教师保持积极乐观愉快的情绪状态，以亲切和蔼、支持性的态度和行为与幼儿互动，平等对待每一名幼儿。幼儿在一日活动中是自信、从容的，能放心大胆地表达真实情绪和不同观点。

认真观察幼儿在各类活动中的行为表现并做必要记录，根据一段时间的持续观察，对幼儿的发展情况和需要做出客观全面的分析，提供有针对性的支持。不急于介入或干扰幼儿的活动。

——摘自《幼儿园保育教育质量评估指南》

（1）以"指南"、量表等作为脚手架

教师其实不需要抓耳挠腮从零开始分析幼儿的游戏与学习，因为有太多基于研究的、可信赖的量表、"指南"等可以作为教师观察与评价的工具，告诉教师该看什么、该记什么。其中，《3—6岁儿童学习与发展指南》《幼儿园保育教育质量评估指南》里的发展目标、评价指标，能够涵盖早期教育的绝大部分观察与评价场景，其他类似的工具还有很多，如图式游戏、关键经验等。以这些工具为脚手架，教师手里就有了清晰的地图。它们是理论与实践之间的桥梁，把抽象的概念转化为教师可以在幼儿身上看见的"信号"和"证据"。用好工具、用熟工具，教师才能真正内化理论，形成一种"专业直觉"。

（2）学会辨别真假游戏的特征

观察的前提需要教师辨别幼儿是否在真游戏。游戏的主要特征是自主性、非功利性、虚构性、愉悦性和有序性。在假游戏中，成人过多地参与，主导幼儿的游戏，在游戏中看似陪

伴幼儿，实则牵着幼儿的鼻子走，或违背幼儿的游戏意愿，将一些自认为的"知识点"强加给幼儿，让游戏变得急功近利，失去了本色。其次，游戏玩法十分单一，缺乏可变性和创造性，简单重复，缺少挑战，没有体现游戏的价值。而真游戏来源于幼儿的生活，有经验作铺垫，有兴趣作助推，灵活多变，让幼儿百玩不厌。在游戏过程中，游戏的主角始终是幼儿，成人只是配合幼儿的游戏，做游戏的陪伴者、参与者、支持者。最后，真游戏富有层次，充满挑战，是循序渐进式的，幼儿能获得阶梯式的发展。

（3）关注动作和语言细节，记录证据

即使在工具的帮助下，很多教师依然不能把握幼儿学习的本质。有的教师泛泛而谈地把工具中的语言复述一遍，使用有点类似"我认为幼儿的参与程度很高，因为他们很投入"的表达方式。这说明教师在本质上还无法看见幼儿的学习，因而无法把工具的内容转化为幼儿游戏的语言。此时，突破瓶颈的唯一方法就是大量练习。通过图片记录、文字简记、视频记录、简拼轶事、学习故事等方式对幼儿的游戏进行记录。在练习中，强迫自己找到工具内容所对应的幼儿游戏的细节和证据，用语言将其描述出来，并持续反思和与同事碰撞，直到不需要工具也能头头是道地分析幼儿的学习。到那个时候，直觉就形成了。

总而言之，理解幼儿如何学习是观察评价的前提，观察与评价应有目的、有依据，善用基于研究的工具鹰架观察，评价要基于事实、细节和证据，重视对幼儿学习品质的观察、评价与支持。

图 3-1-1　观看幼儿游戏

二、如何介入幼儿游戏

🔴 问题扫描

问题扫描一：一次尴尬的对话

一名教师在户外游戏总结分享时提到："上次在沙水区，我看到一个小朋友用沙具做了一个小蛋糕，于是我就和那个小朋友说'你做的小蛋糕真漂亮呀，要和哪个小朋友一起分享呢？'谁知，那个小朋友说道'这不是蛋糕，这是个小房子。'说完他就自己继续游戏，没有和我对话了，当时我觉得很尴尬。"

问题扫描二：不合时宜的打断

幼儿在户外游戏中追逐打闹是很正常的，在野战区、大型游戏区还会出现一些看起来"很激烈的打闹"。有些教师担心这样的活动最后会演变成"打架"，但是出言提醒之后，发现幼儿开始畏手畏脚，游戏中少了许多的欢声笑语。一名教师表示："当我不能分辨这样的游戏是否会造成危险或者冲突时，我希望这些危险远离孩子；当我看到他们拘谨的行为时，又觉得自己做得太不对了，我有些迷茫。"

🔴 原因分析

（1）介入背后的价值判断

在幼儿园教育实践中，很多教师时常纠结于自己到底该不该介入幼儿的游戏。介入吧，害怕有过度包办之嫌，破坏了幼儿学习和成长的契机；不介入吧，又担心孩子年龄太小把握不好度，出现安全事故。不少教师把游戏的情感发展价值和认知发展价值对立起来，有的教师认同游戏的情感价值，则对幼儿游戏不作任何干预；有的教师认同游戏的认知价值，则往往以教育的认知目标干预幼儿的自主游戏，使游戏变成教学。

因此，教师常常走入以下的介入误区："蜻蜓点水式"的直接干预；"贤惠能干式"的游戏介入；"视而不见式"的游戏放任；"救火队员式"的应急帮忙；"心不在焉式"的随意指导。是否需要介入，如何介入，实际上是价值判断，得失比较，教师的敏锐反应和及时应答，反映的是教育的智慧，它源于专业知识、教育观念以及实践中不断的反思。

（2）游戏组织的不合理

很多时候，导致教师被迫介入往往来自于外部因素。例如，在游戏空间的设置上没有为幼儿提供探索、满足幼儿发展需要的环境，导致幼儿无法在游戏中主动、积极地交往。其次，在游戏材料的投放的层次上，没有遵从幼儿的年龄发展特点，材料没有具有激发和深化幼儿游戏的功能。再者，在游戏时间的安排上不够合理。幼儿自主游戏开展的质量与其时间长短有密切关系，游戏时间得不到保证，会导致游戏无法深入开展，打击幼儿的游戏兴致。最后，游戏规则没有提前建立，使得游戏缺乏安全保障，游戏时要消除不必要的过渡环节，减少不必要的管理行为，引导幼儿形成秩序感。

❸ 经验策略

善于发现各种偶发的教育契机，能抓住活动中幼儿感兴趣或有意义的问题和情境，能识别幼儿以新的方式主动学习，及时给予有效支持。

——摘自《幼儿园保育教育质量评估指南》

尽管没有教师的介入，幼儿也能在游戏中自我发展，但是有没有教师的介入和指导，幼儿的发展还是有区别的。

——摘自《〈3—6岁儿童学习与发展指南〉解读》

幼儿园的教育活动，是教师以多种形式，有目的、有计划地引导幼儿生动、活泼、主动活动的教育过程。同样，幼儿游戏活动想要有效地进行，离不开教师的介入指导。

——摘自《幼儿园教育指导纲要》

（1）有效的介入策略

选择有效的介入方法是达到介入效果的前提。教师们应该根据幼儿的游戏情况选择适合有效的介入手段，把握好介入的必要性、适时性、适宜性和适度性。

第一，营造氛围式介入法。这种方法是在游戏中营造氛围，这是一种显性介入方法。游戏材料是户外自主游戏的重要组成部分，是支持和满足幼儿游戏及学习需要的物质基础。教师在游戏区域营造出轻松、自由的游戏氛围，投放匹配户外游戏的材料，包括氛围性材料。当幼儿来到某个户外环境后，通过氛围性材料就能明白自己的游戏角色。

第二，参与游戏式介入法。教师可采用参与式介入，如平行介入法，教师悄无声息地为幼儿做示范。交叉介入法，教师通过扮演一个角色进入幼儿游戏当中，通过教师与幼儿、角色与角色的互动，起到指导幼儿游戏的作用。这是游戏中的一种隐性介入方法，也就是角色介入法，这种介入方法不容易让幼儿产生游戏割裂感，而是以幼儿玩伴的角色去引导幼儿继续游戏，幼儿的接受程度会更高。

第三，启发引导式介入法。语言指引是指通过教师的话语达到对游戏指导的一种方式，不同的语言在游戏中所起到的作用也是不一样的。根据提问目的和方式的不同，我们可以将教师的语言分为询问式语言、建议式语言、澄清式语言、鼓励式语言、邀请式语言和指令式语言。例如，在玩大型建构游戏时，幼儿搭出来的塔总是摇摇晃晃，没一会儿就倒了。幼儿重复了很多次都没有成功。这时，教师在旁边说："你们的底座够不够牢固呢？不管是什么建筑都要有牢固的底座哦。"幼儿听完后马上发现了自己的问题。

（2）合理的介入时机

那什么时机才是最适宜的呢？在许多教师眼里，最佳时机无非是幼儿求助的时候、幼儿出现不安全隐患时、幼儿产生过激行为时……除此以外，还有哪些情况需要介入呢？在进行了大量的案例研究后，我们得出以下 6 种情况可以作为教师介入幼儿游戏时机的判断依据：

① 当幼儿遇到困难需要帮助时；

② 当必要的游戏秩序受到干扰时；

③ 当幼儿对游戏失去兴趣，想要放弃时；

④ 当幼儿主动寻求帮助时；

⑤ 当游戏出现教育契机时；

⑥ 当游戏行为或者材料出现不安全隐患时。

图 3-1-2　与幼儿共同游戏

三、如何推进幼儿游戏

① 问题扫描

问题扫描一："三分钟"热度的孩子

户外游戏时，玩车区一个骑车的小朋友说："我觉得总是这样骑车，真没意思，我不想玩了！"很快他便从玩车区串到野战区。教师也会遇到类似的困惑，幼儿选择自己玩的材料和游戏不能坚持，比如幼儿确定好游戏后，很快就被其他小朋友在玩的游戏吸引，计划好去骑车区，刚玩一会就跑掉了……幼儿究竟是怎么了？难道，缺乏坚持性是很多幼儿的通病？

问题扫描二：天马行空的兴趣和问题

游戏后的野战区，几名幼儿在激烈地讨论："我们为什么不用其他材料搭建战壕啊？""我不要当小兵，我要当指挥员""你被打'死'就不能玩了""我想当战地医生"……对于幼儿纷繁复杂的兴趣和各种问题，有的教师觉得很难取舍：哪些问题才是大多数幼儿感兴趣的问题？哪些问题有可能成为幼儿不断玩下去的突破口？

② 原因分析

（1）游戏、材料迭代较慢

我们成年人在一成不变的生活里也会觉得无聊，何况是探索欲和好奇心都很强的幼儿。幼儿在游戏中运用丰富的游戏材料，全身心地投入游戏，通过直接感知、实际操作、亲身体验和同伴合作去理解、解决问题，从而获得经验。游戏和材料不更新，就不能更好地激发幼儿的兴趣与能力。

（2）缺乏承前启后的游戏经验

教师缺乏与幼儿共建游戏经验的过程，没有帮助幼儿回顾之前的游戏，梳理游戏思路与问题，导致无法启发和推动幼儿在原有游戏经验的基础上，找到新的挑战和兴趣点继续游戏。后续游戏经验的缺失不利于幼儿游戏经验的接续和迁移，不利于幼儿的游戏向更丰富、更深入的方向发展，不利于引发和推动幼儿在游戏中深度学习。但是，需要注意的是，如果讨论后幼儿想要开展新的游戏，教师应该支持而不是强迫幼儿继续玩之前的游戏。

（3）教师完全放任导致游戏的盲目性

在"自主自由"思想的风潮下，很多教师走入了另一个错误的极端：既然自主游戏的主导者是幼儿，那就让幼儿自由活动，想怎么玩就怎么玩，只要不伤害幼儿的身心健康就可以了。具体表现为部分教师在幼儿游戏的时候只是游戏的旁观者，因为看不懂幼儿的游戏而不能介入幼儿游戏，只能单纯观望，不能行动。还有一些教师干脆不关注幼儿的游戏，认为游戏就是幼儿自己的事情，只有集体活动才是教师的事情。导致很多时候幼儿的游戏只有嬉戏性，而没有生成性、探索性、挑战性及合作性，游戏只是在理论上被看作促进幼儿发展的教育手段，但是在实践中并没有真正受到教师的重视。

③ 经验策略

尊重并回应幼儿的想法与问题，通过开放性提问、推测、讨论等方式，支持和拓展每一个幼儿的学习。

充分尊重和保护幼儿的好奇心和探究兴趣，相信每一个幼儿都是积极主动、有能力的学习者，最大限度地支持和满足幼儿通过直接感知、实际操作和亲身体验获取经验的需要。

——摘自《幼儿园保育教育质量评估指南》

（1）拓展和唤醒经验，丰富游戏内容

教师可以根据自己对幼儿兴趣的观察和了解适时地丰富幼儿的新经验。比如，在 CS 野战区游戏的过程中，花花拿着水杯去给医疗区的伤员送水。教师说："花花，你是一个后勤兵呀。"花花边走边说："什么是后勤兵？"教师告诉她："后勤兵就是像你这样给伤员送水的小兵呀。"于是在后勤兵出现后不久，炊事兵、炊事区、卫生院也慢慢出现在游戏中。又如，在前期的游戏中幼儿生成了烧烤的游戏主题。教师观察到幼儿只是用小棒串起树叶架到桌子上就玩了起来，没有更丰富的游戏情节，于是就找来烧烤摊烤肉串的视频，请幼儿一起观看。在接下来的游戏中，幼儿用积木搭起了烧烤炉，用纸板当扇子，一边吆喝一边不停地扇着肉串，另一只手还不停地转动着肉串……显然，新经验的拓展丰富了幼儿的游戏内容和情节，起到了有效的支持作用。

（2）观察是重点，互动是诀窍

观察不只是为了急功近利地推进游戏的发展，最重要的是让教师发现幼儿的兴趣点，关注幼儿的游戏状态、游戏能力，发现幼儿在游戏中令人惊喜的"哇"时刻，从而看见幼儿是有能力的学习者。在观察与等待中，教师才有可能读懂幼儿行为背后的意图、兴趣和需要，进而改变"居高临下"的姿态，从"替代者"成为"支持者"。

许多时候教师虽无法准确预想幼儿可能的想法和反应，却必须在师幼互动中接住幼儿抛过来的"球"。如何提升教师的"接球"能力，让"接球"适切、有效，很大程度上需要教师在理解幼儿的基础上，通过引导、启发、追问等方式与幼儿互动。启发提问，引导幼儿碰撞多种想法。教师应多提开放性、启发性问题，如，"你们想如何解决这个问题？""可以

用什么办法试试看？""有可能会发生什么？""怎样避免危险等？"……许多时候，幼儿的想法和成人不同，教师不能急于纠正幼儿，应给予幼儿充分的时间，鼓励他们大胆交流自己的想法，大家相互讨论甚至辩论。巧妙追问，引发幼儿思考并行动，开启幼儿深层次的思维，需要好问题的推动。许多时候，幼儿的想法充满了丰富的想象，要想让有趣的想法转化成幼儿的行动，就需要教师运用追问的方法，引发幼儿思考并行动。

（3）重视游戏后分享，推进游戏深入开展

游戏的高质量开展需要幼儿和教师对游戏进行不断回顾。引导幼儿回忆、讨论、分享游戏中出现的精彩环节、好创意、成功体验，及时肯定幼儿表现出色的地方，激发幼儿的兴趣与积极性。在游戏分享环节中，幼儿通过描述游戏的过程和获得的经验，建立起和事物的联系，在思考中获得"我还可以怎么做"的办法或新经验，使得游戏得以不断延续，进而推动了游戏的再发展。教师也能够进一步了解幼儿对活动材料的个性化需求，有目的、有计划地给幼儿提供活动材料，全面提升游戏活动效果。交流结束后，还可以根据观察当日幼儿的游戏兴趣进行延伸和拓展，比如：幼儿的游戏能否与其他领域结合；能否借助家长资源；是不是多数幼儿的兴趣的共同点，能否生成新游戏……

图 3-1-3　与幼儿协商

幼幼互动的力量

一、如何开展户外混龄自主游戏

① 问题扫描

问题扫描一：小班幼儿混到中大班幼儿间，怎么玩？

一名教师提出了自己的疑惑："进行户外混龄自主游戏时，小班幼儿的思维水平、协调性、动手能力等都不及中、大班幼儿，很难与中、大班的哥哥姐姐玩到一块。只会像'吃瓜群众'在边上看着哥哥姐姐玩。"例如，有些幼儿与同伴互动的经验缺乏，也缺乏一定的勇气，这就导致他们在户外自主游戏中经常处于边缘化的状态。

问题扫描二：大班幼儿会不会欺负小班幼儿？

在开家长会时，一名家长提出了自己的疑惑："赋能户外自主游戏时，幼儿散开玩，老师也不可能全程盯着，我家孩子那么小，同时段与哥哥姐姐一起到户外游戏，孩子会受欺负吗？"

② 原因分析

（1）我们习惯了同龄带班模式

同龄幼儿分到一个年级里，形成 N 个同行班，教师以同龄带班的模式进行着一日生活流程，统一的生活、学习方式（如组织集体教学、盥洗等）。在这日复一日地操作中，教师的认知观念在无形中被固化，已习惯同龄带班模式。当"混龄"概念提出时，教师们没有实践过全新的模式，以致出现"小班幼儿哪能跟大班玩，只能看看吧？""大班幼儿也不会跟小班幼儿玩吧？"等问题，容易引发教师产生疑虑。

（2）我们低估了幼儿学习生活能力

在幼儿园中，我们一直还是教的状态，让幼儿被动地获得学习、生活能力，如穿鞋、洗手、阅读等简单的技巧和知识认知。我们有没有反过来审思过，幼儿通过三年的在园生活、学习，真正获得的能力是指这些吗？短期来说，能为幼儿入小学做好准备吗？长远预估，能为幼儿成长打下良好基础吗？显然，远不止于此。幼儿是一个有自我学习能力的个体，他们乐于按照自己喜欢的方式（即游戏），去亲身体验、实际操作、交流合作，习得各种生活、学习经验。我们可能因为担心安全问题，很多时候把决定权握到了自己手中，主、次调了位置，低估了幼儿主动学习、建构生活经验的能力。作为专业教师，我们更应该学会放手，相信幼儿。

（3）我们忽视了传递给家长科学教育观

现在，大部分幼儿家长以"90后"和"85后"居多，这个群体的家长本身文化水平较高，有一套自己的育儿方法，但潜意识里又存有一些"小挣扎"。当户外混龄自主游戏真正在园开展起来时，他们的"小挣扎"因子就开始"躁动"了，"担心孩子小，跟大的玩受欺负""不想让孩子玩泥，太脏"等等。开家长会刚好是一个契机，借机向教师提出户外自主混龄游戏的质疑。透过家长的质疑声，从园领导到各部门，再到班级教师，开始反思。我们经常把幼儿教育是家园合力的教育放在嘴边，但当园所在践行教育革新时，往往忽视了同步家长这个环节，忽视了传递给家长更科学的育儿观。其"病灶"是家、园教育步伐不一致或交流、沟通不到位，产生不理解，导致家长发出这些声音。

❸ 经验策略

幼儿园应多为幼儿提供自由交往和游戏的机会，鼓励他们自主选择、自由结伴开展活动。

——摘自《3—6岁儿童学习与发展指南》

开展多种有趣的体育活动，特别是户外的、大自然的活动，培养幼儿积极参加体育锻炼的积极性，并提高其对环境的适应能力。

——摘自《幼儿园教育指导纲要》

（1）优化户外混龄游戏的组织策略

在传统的户外自主游戏中，幼儿往往局限于一个或者两个区域进行活动，但是无边界的游戏场域打破了年龄与班级的界限，师幼之间、幼幼之间都不熟悉，这给教师的组织和观察都带来了一定的困难。要想取得预期的活动效果，必然离不开有效的落地实施。教师可以分三个阶段逐步实施：

第一阶段：不混龄游戏。各活动区采用不混龄游戏形式开展，同班幼儿通过一段时间的活动，逐步掌握了游戏规则与玩法。

第二阶段：同龄混班游戏。待幼儿熟悉自己班级的活动后，再采用同年龄幼儿自主选择混班形式开展活动，同年龄段的幼儿很快就能熟悉不同的游戏区域。

第三阶段：混龄混区模式。待幼儿熟悉本年龄段游戏内容、场地后，采用"以强带弱""以大带小"的方式开展活动。通过一段时间的运行与教师的引导，让幼儿掌握混龄游戏活动的规则。在此基础上开始真正意义上的混龄活动，并逐渐形成一定的游戏规则。

（2）转变家长的观念

我们深知出现这些问题的"病灶"在于教师、家长观念的禁锢，想要转变教师与家长的观念，得靠他们自己主动接受，才会有认同感及行动的落实。

首先，我们借助家长工作坊、体验日专题体验游戏活动，让家长身临其境地感受、参与孩子的游戏。让家长看到，在幼儿户外混龄自主游戏的过程中是会出现各种各样的问题，但不同年龄孩子解决问题的能力是不一样的。当所有的幼儿在一起时，他们表现出来的解决问题的能力经常让人感到吃惊。在解决问题的时候，不同年龄的幼儿群体会很自然地成为一种教育资源，若能充分利用这种资源，幼儿不仅能巩固并重新思考已有的经验，而且还可以发展迁移能力和解决问题的能力。

其次，摘除"病灶"的良药还在孩子身上。我们倾听孩子的声音、依照孩子的需求去赋能环境与游戏，孩子喜欢了，家长看到自己孩子的喜欢与成长，就会认同与支持混龄教育。我们做了一个家长调查，让家长问问孩子最喜欢在幼儿园的哪个时段，最期待去幼儿园做什么。据家长反馈，户外自主游戏是孩子的首选。这证明了孩子是非常喜欢户外混龄自主游戏的，家长的质疑声由孩子解决了。

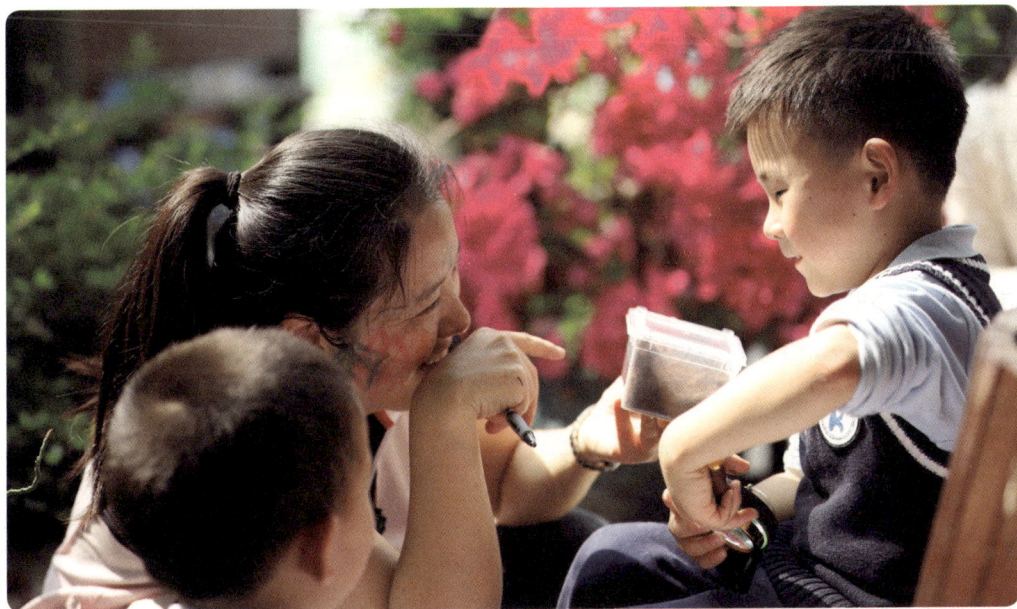

图 3-2-1　温馨的师幼互动

二、如何进行游戏总结和分享

❶ 问题扫描

问题扫描一：孩子游戏回顾不出来，回顾总是天马行空。

有教师提出了疑问："幼儿在玩的时候很尽兴，可每次总结分享的时候就变得不积极了，要么无话可说，要么天马行空脱离具体的游戏场景，导致教师说的多，孩子听的多。慢慢的，教师也不知道说些什么了。怎样才能让幼儿主动分享呢？"

问题扫描二：疯狂的游戏后"表征"。

大家是否遇到过类似的情形：游戏结束了！不，孩子，你需要把刚才游戏时的感受画下来。可以了吗？不，孩子，你要和大家说一说你的感受，你是怎么玩的？我就是那么玩儿的！不，孩子，好好想想你玩的时候有什么遗憾。我没有遗憾！不，孩子你一定有！来，我们一起想一想把它画出来！

❷ 原因分析

（1）教师未内化游戏总结分享的本质

游戏后的分享作为幼儿游戏后共享快乐、交流经验、解决困惑及设想计划的环节，是帮助幼儿汇集信息、思考分析、整理反馈，从而不断提升并积累新经验的过程。这个环节在于兴趣激发、矛盾解决、方法探索、点拨创新。然而，部分教师把游戏总结分享设计成了传统意义上的"教学活动"，以"知识收获"为目的，在"我问你答""教师点评"的对话形式中，幼儿是被动的，不是自主自发的，会下意识地产生逆反心理，甚至不再喜欢表达。就像要求一个作家去写他不愿意写的文章，幼儿在这个过程中是痛苦的。

（2）教师走进了游戏的"表征误区"

游戏表征能为教师更有效地观察、分析和支持幼儿的行为提供了有力的鹰架，是教师读懂幼儿行为的重要途径。表征绝不只是画画这一种，它就像马拉古奇说的"孩子的一百种语言"一样丰富。但很多教师狭义地理解成对于某件事情图像形式的表达，聚焦在'征'——要证明学过的痕迹，忽视了'表'——幼儿表达的途径，将游戏"表征"理解为让幼儿用符号、绘画来表达自己的想法，是完成任务的心态。

❸ 经验策略

发现和支持幼儿有意义的学习，采用小组或集体的形式讨论幼儿感兴趣的话题，鼓励幼儿表达自己的观点，提出问题，分析解决问题，拓展提升幼儿日常生活和游戏中的经验。尊重并回应幼儿的想法与问题，通过开放性提问、推测、讨论等方式，支持和拓展每一个幼儿的学习。

——摘自《幼儿园保育教育质量评估指南》

图 3-2-2　回顾与总结

（1）游戏总结和分享的 N 种方式

教师要依据本班幼儿的年龄特点，采用多元化分享方式，相互借鉴，相互融合，灵活运用。在分享组织上，可采用集体式、分组式、个别分享式；在分享主体上，教师引导式分享、幼儿自发式讨论可穿插使用；在分享形式上，借助绘画、照片、视频、对话、辩论、表演、思维导图等方式进行表达交流，帮助幼儿梳理、总结、巩固、提升游戏经验。例如，组织幼儿召开正式的会议，让幼儿讨论他们喜欢玩的区域，具体玩了哪些游戏，用了哪些材料等。幼儿在这个过程中有非常多自己的想法，这些想法的分享既能让教师了解到幼儿的兴趣，同时也能增加其他幼儿关于游戏的经验。在引导幼儿分享提问方法上，教师可借助科学的方法及工具包，如儿童哲学的提问方式，倾听幼儿的马赛克方法，利用开放式的问题，在高质量的对话中推动游戏走向高质量发展。

（2）游戏总结和分享的内容借鉴

分享环节可以就游戏中的"社交事件""问题解决""精彩时刻""创新玩法"等方面梳理回顾。当幼儿特别自信想表达时，教师需要做一位欣赏者去倾听；当幼儿回顾不出来，无话可说时，教师需要提供线索，重述或重构幼儿的经验，帮助幼儿整理思路。

首先，教师可以有意识针对幼儿在当日游戏过程中所发生的"社交事件"，邀请幼儿进行回顾，并帮助幼儿从该"社交事件"中梳理、总结相应的社交技能与方法，如梳理、总结和分享、询问意见、等待、交换物品、轮流使用、一起游戏等具体的社交策略。

其次，在游戏过程中，幼儿往往会遇到各种意想不到的问题。有时候，他们能够凭借自己的经验探索成功解决问题；有时候，他们在反复多次尝试之后也无法解决自己所遇到的问题。但幼儿并不一定能够从每一次解决问题的经历中梳理、总结相应的策略和方法，因此，教师可以主动邀请幼儿回顾自己解决问题的过程，进而帮助幼儿从解决问题的经历中梳理、总结出对应的方法和策略。

最后，总结幼儿在游戏中出现的精彩时刻、创新玩法，或对游戏材料的创新组合、使用方式，也可以重点邀请幼儿回顾和分享这些内容。

师师互动的力量

一、如何搭建全员参与的教研组织

❶ 问题扫描

问题扫描一：一锅粥似的教研

每逢教研活动，大家就忙成一锅粥，准备资料、研讨、磨课、交流……教研组长也会不时提醒教师们认真准备。一时间大家"如临大敌"，只想在教研活动中表现优异，完成教研任务。

问题扫描二：教研是老师的事，我只是保育员

有保育员表示：教研是老师的事，我们保育员只要管好孩子的一日三餐、午睡、安全就好了，不用花时间精力去研究那些高深的理论。教研任务留给老师就好了……

❷ 原因分析

（1）脱离真问题的教研

幼儿园教研活动主要目的在于解决教师课程实施中的"真问题"，基于问题，指向幼儿，服务于教师。其中，蕴藏着无穷的学问，值得"一研再研"。问题性、合作性、反思性、实践性是幼儿园教研共同体的重要特质。但是，倘若我们自身都没有真正搞懂幼儿园"为什么要做教研活动""如何做教研活动""怎样才是有效的教研活动"，那么对于园所来说，一切教研工作都将演变成流于形式的应付工作。只有了解幼儿园教研活动的真正目的、具体内容，掌握科学有效的实施方法，才能更好地设计和组织幼儿园教研活动。

（2）形同虚设的教研制度

一些园所在教研制度的出台和实施过程中存在以下问题：首先，随意性太强，主要体现为园本教研制度从无到有，大多是凭主观经验"拍脑袋"产生的，制度建设没有基于对本园实际情况的调查分析，缺乏科学依据。其次，任务性痕迹明显，以往的园本教研制度很多是为了应付检查而制订的，制度建设从文本到实施，不能发挥其应有的规范、指导和激励作用。最后，具有强迫性。园本教研制度多是自上而下的单一性指令，带有一定的强迫性、指令性。

教师参与园本教研活动多出于"命令与服从"，而不是"兴趣与内需"，处于"被教研"和"被参与"的状态。

❸ 经验策略

幼儿园要制订合理的教研制度并有效落实，并提出幼儿园教研工作应当聚焦保教实践中的实际困惑和问题，要能够激发教师的主动反思，提高教师的实践能力，增强教师的专业自信。

——摘自《幼儿园保育教育质量评估指南》

（1）转变全园教职工的教研观念

在全园参与的教研共同体中，既有班级教师、保育员，又有园长、教科研负责人等园所管理者，还有园内的保健医生、保安等。专业研讨是平等、开放的。面对每一个真实而鲜活的幼儿，教师的见解不一定比保育员的更高明，园长的办法不一定比普通教师的更适用。在教研共同体中，大家在集体研讨中厘清问题，在平等对话中开阔学术视野，在教育现场中获得生动的案例，在相互交流中共享阶段性成果，从而形成参与教研的满足感和归属感。没有哪个人是绝对的意见领袖，也没有哪个人是不容置疑的权威，管理者和班级教师之间的关系不是指导和被指导的关系，而是相互信任、相互学习、共同成长的伙伴关系。

（2）基于需求优化园本教研制度

通过问卷调查、意见征询、个别访谈等方式，全面了解教师对园本教研的认识、对园本教研制度的看法以及自身专业发展的定位和需求。在此基础上，对现有的园本教研制度进行梳理与分析，并分门别类、有针对性地进行调整和完善，使制度更好地服务于幼儿园的园本教研。园所基础保障类制度主要有《园本培训制度》《园本教研制度》《科研管理制度》等常规管理制度。这些制度倾向于量化、细化的规定，注重形式和数据，如规定教案的格式、字数及听课的节数。虽然对教师有约束作用，能在一定程度上规范教师的教研活动。但为了避免以往这类制度过于刻板、僵化的现象，在制订制度时更关注教师的专业发展、理念形成和实践提升，更加注重教师的参与过程。

二、如何营造全员合作的教研文化

❶ 问题扫描

问题扫描一：为了教研而"硬教研"

有教师曾这样描述他们的教研现场：当孩子都放学回家后，忙了一天的教师却不能离园，还要坐下来开教研会。有的教研现场是走走流程，应付了事；有的教研现场，教师们彼此大眼瞪小眼，没说出个所以然；有的教研现场，骨干教师振振有词，新来教师云里雾里……这种为了教研而教研的"形式教研"还要走多远？

问题扫描二：无法调动的教研热情

尽管很多幼儿园也开各种形式的教研会，有课程故事研讨会、视频观察研讨会，甚至邀请专家参与研讨，或者把教师教研表现作为考核依据……却还是调动不起教师们的热情，反而成了教师沉重的负担。那些充满活力、深度的教研到底是怎么发生的呢？问题究竟出在哪里？

② 原因分析

（1）背道而驰的教研意义

许多园所没有将教研文化的建构任务纳入幼儿园宏观管理目标、园所长期发展规划之内，教研工作与《幼儿园保育教育质量评估指南》的要求背道而驰。种种问题导致园本教研制度形同虚设，不仅很难达到规范教研、有效教研的目的，也很难得到一线教师的认可，更难谈执行的有效性，暴露出诸多弊端。例如，一些园所"闭关自守"，守着自身园所的小问题，而忽略了各地已有的经验成果和专家学者的启发、引导和经验；或是好高骛远，只追求高层次的课题研究和高深的理论问题；又或陷入掺杂使假、华而不实、装点门面的误区，做表面文章，迎合上级考评，拼凑教研成果，以求评职称、评优、晋级等。

（2）教师教研"话语权"的丧失

为了提高园本教研的质量，一些园所倡导专家学者和骨干教师担当专业引领的重任。但由于专家学者身居高层，不可能随时来到幼儿园，因此，幼儿园的骨干教师就自然成了主要的专业引领者。对园本教研而言，这是必要的。但是，在有些幼儿园，骨干教师长期充当专业引领者，在"引领"的同时逐渐产生了"霸权主义"或骨干中心主义倾向。而普通教师则在不知不觉中丧失了话语权，成了园本教研的配角甚至旁观者。骨干中心主义倾向的园本教研之危害在于使园本教研失去了群众性、民主性和参与性，以少数人的权威牺牲多数人的发展，最终牺牲了幼儿园的发展。

③ 经验策略

善于倾听、理解教职工的所思所做，发现和肯定每一名教职工的闪光点和成长进步，教职工能够感受到来自园长和同事的关心与支持，有归属感和幸福感。

——摘自《幼儿园保育教育质量评估指南》

（1）"制度"与"温度"的碰撞

以往，我们习惯了自上而下的教研制度，现在我们需要打破原有的固定模式，减少命令式和限制式的规定，走出"制度化"的沼泽，更加注重教师教研观念和行为的转变，使教师从"被动教研"走向"主动教研"。因此，教研制度的制定不仅有标准，更要有"温度"。柔性管理能诱发人的内部动机，营造出浓厚的教研氛围，可以有效弥补刚性管理制度的缺陷。比如，当教师因为孩子的需要要突破一些常规、创设一些新活动，遇到了很棘手的问题时，得到的回应会是什么？是"你这样做好像不太好、不合适、不符合规定"，还是"你可以试试看，我们可以一起努力，你需要我为你提供什么支持和帮助"？毋庸置疑，后者给予教师的信任感、支持感会更强，更能激发教师的内驱力，促进教师的自主成长和专业发展。

（2）"人文"与"管理"的融合

一所学习型的幼儿园，它的各项管理应坚持以人为本，充分发扬民主，鼓励、强调教师参与幼儿园的管理，建立同事间的横向的交流与分享。在园长、教师、其他岗位人员不断的对话中，平等的协商中，产生了深度思考和有实质内容的交流，不同的思维和智慧的撞击激发了教师的创新力和创造力，激发了教职员工主动要求进步的内在动力和愿望，建立与幼儿园共同发展的归属感，共同缔造一个积极向上，团结有力的幼儿园群体。

在人文环境和教师队伍建设上，坚持为教师营造轻松、愉悦、开放、包容的氛围，让每个员工都有归属感、认同感、被尊重感。教师会感到心情愉悦，建立自信，并且把这份"正能量"带到工作中去。支持教师们在课程实施中更主动地去思考和大胆尝试，最终促进幼儿更好地发展。这是一个正向循环，人文所构建的关系让管理"智慧"起来，让队伍"自觉"起来，能将幼儿园引领到更加高远的地方。

（3）"赋权"与"引领"的互补

赋权教师是园所教研体系建构的文化核心，它不是结果，而是层层推进的过程。首先，赋予教师一定的教学自主权、课程开发权以及政策决策权，鼓励教师发挥个体能动性。无论在教研还是日常教学中，教师都会产生更加积极的工作态度和责任感。其次，园所教研活动中，管理者的身份从"领导"转向"引领"。一次教研活动探讨一个共同关注的或亟待解决的小问题，如何由宽泛议论引向精准思考，考验的是学校管理者的水平与能力，领导者要善于发现，及时捕捉，确定方向，把外压式的学习压力转化成基于教师亟待解决的问题而进行主动学习的动力。

三、如何沟通经济实惠的后勤支持

❶ 问题扫描

问题扫描一：经费不足的困境

赋能户外环境的材料从何而来？每逢教研时，材料的购买审批是最让后勤主任、园长头疼的事情。幼儿游戏不可避免地产生材料损耗，需要及时补充足够数量的多样的材料，可是购置的经费实在有限。

问题扫描二：废旧材料回收站

在进行赋能户外环境材料征集后，很多老师和孩子都很用心，在日常生活中总是会下意识地收集各种废旧物品拿回幼儿园。然而，大量的物品充斥着幼儿园班级、功能室的空间，材料既不能全部投放也不能扔掉，幼儿园就像一个废旧物品回收站。

❷ 原因分析

（1）未树立"一物多玩、物物可玩"的思想

大多数园所都认为幼儿更喜欢购买精致的游戏材料。实则不然，结构松散、可变性强、玩法多样的游戏材料才是幼儿游戏的宝藏。对于经费紧张的园所来说，如果游戏材料都依靠采购，是不现实的，而来自大自然、来自生活的低结构材料则是最好的补充。它可以是一切自然物，如树叶、树枝、果实、种子、果壳、石子、贝壳等，也可以是生活中搜集的不具有固定玩法的原始材料，如纸张、包装盒、瓶瓶罐罐、纽扣、绳子、积木块等。这一类材料经济实惠，且不需要专门购买，而是在生活中可以随处收集到。

（2）脱离家长和社区的"孤军奋战"

很多园所在课程的推进过程中忽略了家长和社区的链接，把重心放在园所内部的建设上，殊不知家长和社区才是巨大的资源宝库。由于家长不同的文化背景，他们的职业特点和自身特长是丰富多元的，是不可多得的教育资源。而社区作为学校教育的补充和拓展，拥有丰富的自然资源（如特色建筑、公园、山川河流、自然景观等）、文化资源（如图书馆、文化馆、博物馆等），是幼儿社会实践、开阔眼界的平台。因此，在课程的建设和园所的发展中，我们要充分利用家长社区的资源，将其作为幼儿成长强有力的支持与后盾。

❸ 经验策略

在幼儿园的环境创设中强调避免奢华浪费和形式主义、不追求设置专门的功能教室，以低结构游戏材料为主，设备设施安全环保。

——摘自《幼儿园保育教育质量评估指南》

幼儿园应与家庭，社区保持密切合作，综合利用各种资源，共同为幼儿园的发展创造条件。

——摘自《幼儿园教育指导纲要》

（1）优化园所户外材料管理系统

首先，对户外材料的管理进行分类管理，兼顾全面性与层次性。以幼儿各方面的动作技能和身体素质发展需求为参照，整理幼儿园户外材料种类、诊断材料投放现状，查缺补漏，为幼儿积极参与体育活动和户外自主游戏提供保障，做到总量达标、种类多样化。做好分类管理，不同材料有不同的特点，需按照其功能或材质进行分类管理。

表 3-3-1　户外材料管理指南

材料类型	材料种类	放置位置及管理
布料类	海绵垫、沙包、布球、服装等	通风、干燥的地方，定期清洗晾晒
皮革类	篮球、足球、皮类体操垫等	通风防晒的地方，其中球类摆放在搁球架上
塑料类	沙水玩具、塑料类玩具等	防止阳光直射的地方，定期消毒
绳类	跳绳、麻绳、拔河绳等	搁置在通风口处的收纳篮内
钢铁类	固定的大型器械、立柱等	做好此类器械的安全检查，如螺丝有无松动或脱落、有无尖锐凸起等
自然类	树叶、贝壳、泥沙、木棍等	通风干燥的地方，做好防潮防霉，损耗后定期更换

其次，户外材料管理区域标识化、责任专人化。为提高户外材料管理的有效性，由专人负责，可以采用级组轮换管理或班级轮换管理的方法。具体管理工作包括户外材料的检查、整理及归类，登记册检查，标识的检查等一系列工作。另外，做好标识化管理，文字标识必须清晰醒目、牢固耐用，标识最好要过塑、过膜以防潮湿。标识化管理可以基于年龄段或班级，结合物品形状、材料特点、颜色等外显特征，以数字与图标排序互相对应关系、线条等来做好标识标签。使用各种标识和图文提示是为了给幼儿一个"不说话的好老师"，在取放户外材料时得到相应的暗示和指引，给幼儿直观提示的同时又能保证活动场地和通道宽敞。

（2）充分争取家长的支持

家长是幼儿园课程实施中不可或缺的支柱力量，在课程资源开发、质量提升、内容丰富上都发挥着重要作用，他们不仅是课程的信息提供者、活动督促者、材料提供者、活动参与者，更是课程审议者、评价者。课程管理人员一方面应树立家长参与的意识，另一方面应根据课程发展进程，创造多种机会与平台让家长真正有切入点可参与其中，促使家长带着发现和支持幼儿成长的欣喜参与到家园共育工作中。他们越了解课程实施的价值，越清晰课程内容，就越有可能支持教师更好地实施课程，支持幼儿发展。只有家长真正成为课程的参与者，幼儿园课程才能得到更大的支持与巩固，家园共育的合力才得以最大化，幼儿教育质量才能得到更大提升。

（3）合理利用社区资源

除了家长，还有社区、社会中的各种资源，要善于发现和利用，可为幼儿的学习和游戏提供长期的支持。

例如，教师可以利用周边的自然资源，如公园、植物园、自然保护区等，为幼儿提供与大自然亲密接触的机会。他们可以在户外游戏中，通过观察自然界的变化、接触不同的动植物。社会的文化资源也是丰富多样的，如图书馆、博物馆、艺术中心等文化机构，以及志愿者团体和专业人士。我们可以带领幼儿参观这些文化机构，让他们接触不同的艺术、历史和科学知识，激发他们的学习兴趣。同时，社区中的志愿者和专业人士可以举办各种丰富多彩的活动，如手工制作、音乐表演、科学实验等，为幼儿提供丰富的学习和游戏体验。

有效利用社区和社会资源，能够为幼儿提供一个更加多样化和综合性的学习环境，扩展幼儿活动的空间，使他们在游戏中得到更全面的发展。

第四节　与环境互动的力量

一、如何保持环境的可持续性

❶ 问题扫描

问题扫描一：钢筋、水泥、塑料充斥的"机械环境"

走进现在的幼儿园，我们常常看到色彩艳丽的大型玩具充斥着户外环境，遗憾的是，这些幼儿园的户外环境与自然却常常处于一种割裂状态，有的甚至一点裸露的泥土也没有。现阶段，隔绝幼儿与自然的连接是幼儿园户外环境当中最突出的一个问题。

问题扫描二：东拼西凑缺乏整体性的"孤岛环境"

很多幼儿园将户外划分为了若干个区域，有体能区、骑车区、拍球区、木工区、野战区、涂鸦区、玩沙区、种植区等，看似全面，但是幼儿玩起来并不尽兴，区域之间也没有任何联动，仿佛每个区域都是独立存在的岛屿。

❷ 原因分析

（1）与自然的割裂

"自然性"应作为幼儿园户外环境创设的第一个原则，但自然性的对立面是什么？那就是太多的人工合成材料代替了自然的阳光、空气、泥土和水。幼儿园的户外环境中要有会呼吸的土地和花草树木，会呼吸的泥土才会养出花草树木来，有了花草树木才会有小虫子、有蝴蝶飞过来。幼儿园的花草树木、一块泥土、一块石头，都是为幼儿成长服务的，哪怕长出来的是野花野草，也会成为幼儿探究的对象，会成为幼儿园教育的资源，会成为幼儿园课程生发的一个生长点。

（2）非专业的施工建设

俗话说：隔行如隔山，把这句话迁移到幼儿园上来是很普遍的现象。不了解幼儿，不了解幼儿园，不了解幼儿园的设计师、建筑师，怎么能建设好一所幼儿园呢？常常是钱来了，园长开始寻求施工单位，但是施工单位都不是专门为幼儿园服务的，不是专业的。虽然幼儿园也建设了"小菜园"，由于不专业，小菜园建在一米多高的地方，甚至为了安全，将地面全部铺上塑胶、橡胶或人造草坪，户外环境建设上采取的是"全员无障碍"，建设成无坡、无坎、无障碍，哪怕是一块小石头也要赶快拿开，怕幼儿不小心绊倒碰伤。

❸ 经验策略

以游戏为基本活动，确保幼儿每天有充分的自主游戏时间，因地制宜为幼儿创设游戏环境，提供丰富适宜的游戏材料，支持幼儿探究、试错、重复等行为，与幼儿一起分享游戏经验。

——摘自《幼儿园保育教育质量评估指南》

环境是重要的教育资源，应通过环境的创设和利用，有效地促进幼儿的发展。

——摘自《幼儿园教育指导纲要》

（1）整体性与层次性的统一

幼儿园户外游戏环境系统可以细分为植物系统、土壤系统、景观系统等环境子系统，每一层子系统都有存在的价值和意义，都应受到关注和重视。我们也需要意识到，各子系统之间是相互联系的，它们之间的协同共处构成了幼儿园户外游戏环境这一有机整体。此外，幼儿园户外游戏环境本身也是幼儿园环境系统或社区、社会等更大环境系统的一个组成部分，它也需要有机整合于这些更大的环境系统之中。

（2）开放性与多样性的结合

首先，幼儿园户外游戏环境应该是开放的，即游戏的空间、时间及玩具材料对幼儿来说是开放的，幼儿可以自由选择、取放玩具材料，游戏的场地是按幼儿的需要和愿望布置、可以随时变化的。游戏时间段是由幼儿自由支配的。户外游戏环境的多样性则是指环境应是多元的而非千篇一律的，户外可以设计花园、菜园、小树林、草地、山坡、山洞、沙池、水池、泥塘、小溪、吊桥、小木屋、树屋等元素。例如，地面设计要保留适当的土质的地面、沙质的地面，也可以是沙土混合的地面。沙土混合的地面，下雨的时候不会泥泞，幼儿照样可以在户外玩。同样，也可以是木质的地面，石板、鹅卵石和可以任由幼儿打滚玩耍的草地。

（3）动态性与可持续性的延展

幼儿园户外游戏环境的动态性体现在它要随着幼儿身心发展水平、课程内容、活动主题、季节、节日、气候、教育理念等因素的变化而不断进行调整；而幼儿园户外游戏环境的可持续性则主要体现在户外游戏环境在动态调整与变化的过程中贯彻绿色、环保、再生、循环等

图 3-4-1　利用一切资源

生态理念，尊重户外游戏环境本身的自然性和生态性。在户外游戏环境规划中渗透绿色、环保和可持续的生态理念与生活方式。例如，可以引入水循环系统、太阳能系统等，又或是幼儿园户外的一棵大树，不如好好利用起来，设计攀爬综合体、游戏体验区等，让建筑中有自然，自然中有建筑，保持幼儿园自然、生态的本色。

（4）幼儿与环境的双向互动

幼儿与环境之间并非单向的影响与被影响、改造与被改造的关系，而是双向互动、协同变化的互动关系。环境不单纯是幼儿户外游戏活动的"静态背景"，或是被动承载幼儿户外游戏的活动场地，而是可接近、可互动、可体验的。在幼儿行为与活动的影响之下，或是伴随着幼儿身心各方面的发展，幼儿园户外游戏环境也应做出相应的调整与变化。环境要基于幼儿视角打造，只有这样，幼儿园户外游戏环境才能真正成为幼儿可以亲近、感知、操作和体验的"活教材"。

二、如何做更合理的时间规划

① 问题扫描

问题扫描一：户外自主游戏后孩子们都"躁了"

一名主班教师说出了自己的疑惑："户外活动是三个年级组混龄游戏，但是我们是根据孩子的生理年龄特点和需要来制定一日生活流程的，小中大班的活动时间安排不一样，一周四天的统一户外自主游戏活动会打乱幼儿原本的生活节律。他们最近常常问我：'老师，我们接下来该干什么？'感觉孩子们都开始躁了。"

问题扫描二：间餐什么时候吃？

根据营养学家建议，上午9：00～10：00是补充水分的好时机，幼儿园为了幼儿的健康膳食考虑，提供了丰富营养的水果和坚果作为间餐。然而，最佳间餐时间刚好处在户外自主游戏期间，一名保育员表示："虽然我们允许幼儿想吃的时候就来吃，但是幼儿一玩起来就忘乎所以，根本顾不上吃间餐，最后还是我一个个喊过来吃。主要是因为我不忍心任何一个孩子得不到良好的营养补充。"

② 原因分析

（1）我们已经习惯了精确的时间安排

如果你观察幼儿园，会发现竟然有如此多的计时工具，大门口的LED钟、班级里的挂钟、孩子桌上的沙漏、教师腕上的手表……它们无时无刻不在提醒着老师和孩子，该做什么事情了，以帮助维持活动的有序性和流程的顺畅性。这可能是因为我们生活在一个高效的现代社会，习惯了按照精确的时间表安排各项活动。因此，"超时""散漫"是容易引发师幼焦虑的事件。

（2）我们真的相信孩子具备生活自理能力吗？

我们应该认真思考一个问题：我们是否真正相信孩子具备生活自理能力？我们常常将生活自理能力局限于简单的技巧，如洗碗、穿鞋等。然而，生活自理能力远不止于此，它还包括幼儿自主安排活动和自我规划生活的能力，是一种"我能行"和"我愿意"的自主自理能力。举个例子，我们每学期、每周甚至每天都为幼儿设计活动和安排日程，告诉他们应该做什么、什么时候做。我们可能担心如果不这样做，孩子会感到迷茫或无所适从。很少将"我要不要做""我要做什么"的决定权完全交到幼儿的手里，也许我们需要重新思考我们对孩子生活自理能力的定义和信任程度。

（3）园方给了教师足够的自主权吗？

幼儿园是一个多部门合作的团体，从中协调各个部门、级组、班级确实不是一件容易的事。教师当然需要园方在统一时间安排和后勤工作上的决策，可以帮助教师提高工作效率和资源利用率，比如，统一时间游戏、统一时间休息等。

然而，园方也需要意识到教师在教学过程中的专业性和创造力。教师是幼儿园工作的核心，他们对幼儿的发展和需要有着独特的洞察力。因此，要营造积极、支持和可灵活支配的环境，使教师拥有足够的自主权和可调控的资源保障，这是提高教育教学质量的强大后盾。

❸ 经验策略

时间安排应有相对的稳定性与灵活性，既有利于形成秩序，又能满足幼儿的合理需要，照顾到个体差异。

——摘自《幼儿园教育指导纲要》

（1）弹性安排一日生活

弹性安排一日生活，即在整体的时间框架内，给予教师和幼儿更多的支配权和灵活性。只确定晨检、用餐、午休等必要的全园统一时间节点，教师可根据幼儿的需求和兴趣适时调整时间安排。这样的一日生活安排能够更好地适应幼儿的生活节奏和兴趣，为教师和幼儿提供更充裕、松弛的相处时间。

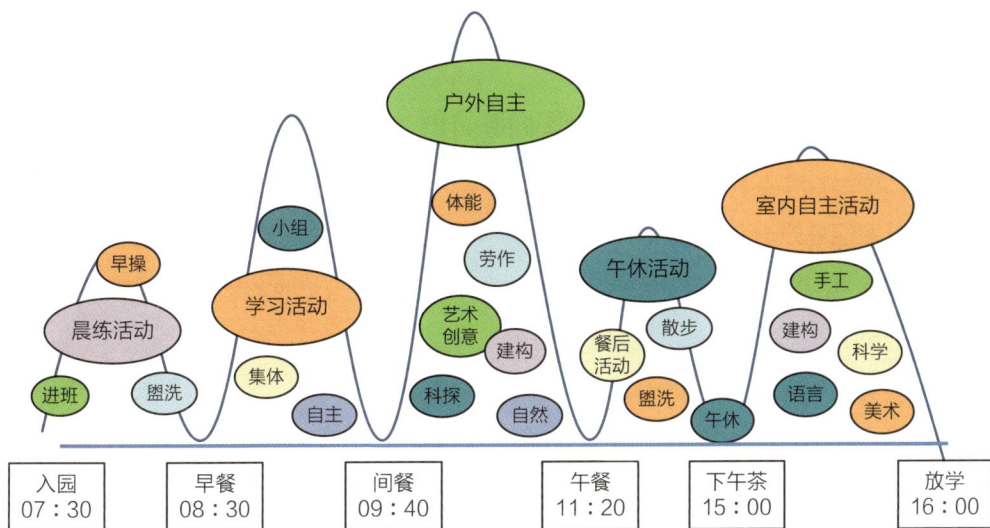

图3-4-2　弹性的一日生活安排

（2）师幼共同审议一日生活及游戏计划

首先，师幼共同审议的前提是创建一个参与式环境，为幼儿提供一个开放和互动的环境，鼓励他们表达自己的想法和意见。确保每个幼儿都有机会参与讨论，并感到被尊重和重视。提醒幼儿可以提出自己的想法和建议。鼓励他们分享自己喜欢的活动类型、主题或内容，并提出支持性的问题来引导他们的思考。例如，你喜欢哪个游戏？你对哪个主题感兴趣？你需要老师帮助你什么？

其次，教师还需要给予一些行动支持，如向幼儿简要介绍可供选择的游戏或者资源，以激发幼儿的兴趣和思考。鼓励幼儿自主或合作制定具体的活动计划，如时间安排、资源准备和参与方式等。

（3）后勤支持

后勤支持可以是"少做一些"，支持幼儿的游戏内容更丰富。比如户外游戏中的间餐点心，将备餐地点设置在户外，让幼儿们负责切水果、装盘、分发给其他需要的小朋友，给予幼儿更多自主操作的机会。

后勤支持也可以"多做一些"，支持幼儿的游戏时间更灵活。如幼儿园可以按季节和气候状况考虑增加保温设备和保鲜设备，即使幼儿稍晚用餐，他们仍然能够享受到合宜的食物。又如幼儿园可以准备带有遮阳篷和洗手处的户外用餐区域，防止阳光直射或雨水浸湿食物。

三、如何做更灵活的空间规划

① 问题扫描

问题扫描一：难以改造的户外空间

在进行赋能户外改造时，有园长提出疑问："我们幼儿园的户外面积非常狭小，固定的大型滑梯和攀爬架器械就占了将近 70% 的地方，其他仅有的空地大部分是塑胶、假草坪和水泥地，我也不能把这些都拆了重新设计呀？"

问题扫描二：按表排班的户外游戏区域

很多园所为了让每个班级都有地方去，户外时间"不打架"，把户外划分成若干个独立的区域，幼儿的活动严格按照户外活动安排表进行。什么户外区域能够连接自然，甚至做到户外区域和课程、室内环境相结合，推动幼儿的持续性学习？

② 原因分析

（1）专业缺失的"伪资源"

长期以来，一些地方的幼儿园内部人员往往无权参与园所建设的策划与指导。而缺乏学前专业性的施工单位都是用成人的要求和取向来规划幼儿园的户外环境，环境资源中的游戏性、趣味性、操作性和科学性被忽视。部分园所户外活动场地狭小，过多的硬化塑胶地面，缺少多样化的地表样态，自然元素很少，户外环境存在着与自然割裂的问题。例如，沙池远离水源，幼儿难以体验沙水结合的奇妙变化，活动结束清洗工作也成为麻烦事，专业缺失的环境资源成为制约幼儿游戏的瓶颈。

（2）户外游戏的观念未更新

户外环境创设缺乏课程意识，教师把户外活动仅仅局限在健康领域下的体育活动，忽视了户外环境的教育功能。部分教师对于户外游戏的观念未更新，户外场地按班级划分，活动按班级组织开展。户外活动形式比较单一、机械重复，多囿于固定的、有组织的、教师主导高控下的集体活动。幼儿在户外活动中玩什么、怎么玩通常由教师根据幼儿的年龄特点和发展目标来确定。

③ 经验策略

幼儿园的空间、设施、活动材料和常规要求等应有利于引发、支持幼儿的游戏和各种探索活动，有利于引发、支持幼儿与周围环境之间积极的相互作用。

——摘自《幼儿园教育指导纲要》

（1）因地制宜地创设

因园所的实际情况各有不同，我们首先要做的是审视自己园所的户外环境现状及幼儿游戏现状，而不是复制粘贴别人的环境创设。在现有的条件下，对户外环境进行创造性的改造，优化材料投放，通过"小"改变创造"大"惊喜。例如，不少城市幼儿园受限于面积，并没有大片的草坪，幼儿园可以利用自己园所的地形特点去创设一些坡地、洞穴等自然野趣的小环境。这些小环境不仅受幼儿喜爱，同时能给幼儿带来更多不同的运动形式和运动机会，让幼儿在游戏的过程中，自然地获得动作的发展。

（2）打通区域的界限

赋能的环境创设，打破了对领域的划分，通过创设一个开放的、充满游戏邀请性的环境，去激发、唤起、推动幼儿的学习。在园区环境设置时，尽量少以功能命名游戏区，因为那样的命名会有较强的暗示，如角色暗示、游戏内容暗示，会异化游戏的本质。户外活动区域应该以场地特征命名，不设边界，将游戏区域整合起来，不限制幼儿游戏的自由。在空间位置划分上，首先，户外活动区域既可以设在宽阔、平整的场地上，也可以充分利用一些"犄角旮旯"，充分挖掘每个空间的价值；其次，教师可通过区域间的"打通"进行游戏场地扩张和联动。此外，幼儿园的户外场地不仅是"运动场"，还可以巧妙安排时间和空间，打造内容丰富的"游戏场"，每一个区域的设计都能让幼儿感受到是被邀请的。

四、如何投放更有效的游戏材料

❶ 问题扫描

问题扫描一：这些我们都玩腻了

赋能户外游戏时，有教师问："户外玩具还可以投放哪些材料呢？我们投放了很多玩具，但幼儿玩了几周就说'这些我们都玩腻了'！到底什么户外玩具材料才是幼儿真正爱玩的呢？"

问题扫描一：游戏十分钟，收纳半小时

在赋能户外游戏后，幼儿游戏得很尽兴，但教师却觉得收纳问题苦不堪言："幼儿玩得很开心，可是收纳起来太费劲了，材料丢得到处都是，幼儿收纳起来很慢，最后还得老师们帮忙。"

❷ 原因分析

（1）只求数量，不求质量的盲目投放

为了满足各个年龄段幼儿的需要，让幼儿在户外自主游戏时有自由选择的可能，有些幼

儿园购买了很多高结构的户外玩具材料。但是，户外玩具材料投放时，并不是越多越好，有时候太多反而可能对幼儿的选择造成干扰，分散幼儿的注意力，对幼儿持续、深入的探究活动造成不良影响。有些幼儿园盲目比拼玩具材料的数量，以数量的多少评判户外环境的优劣，这就可能导致一些幼儿园投放玩具材料时不能好好地斟酌其科学性、针对性、适宜性、发展引领性，进而影响幼儿通过户外活动获得发展。

（2）忽略材料投放的层次性

玩具中的"变量"决定了一件玩具的质量，只有富有变化的玩具材料才会让幼儿天天玩，反复玩，并不断玩出创意，玩出深意，玩出发展。但现在幼儿园的户外游戏材料逐渐固定化、单一化、精美化、功能化，许多幼儿园的游戏材料更多是塑料游戏玩具和大型玩具器械，不仅玩法相对单一，缺乏趣味性和灵活性，无法满足幼儿深度学习的需求，而且，更多是割裂、单调的技能训练，导致幼儿没有自由选择的余地，参与游戏的时间短，耐心有限，慢慢地也就丧失了游戏的积极性。

❸ 经验策略

多为幼儿选择一些能操作、多变化、多功能的玩具材料或废旧材料，在保证安全的前提下，鼓励幼儿拆装或动手自制玩具。

给幼儿提供丰富的材料和适宜的工具，支持幼儿在游戏过程中探索并感知常见物质、材料的特性和物体的结构特点。

——摘自《3—6岁儿童学习与发展指南》

玩具材料种类丰富，数量充足，以低结构材料为主，能够保证多名幼儿同时游戏的需要。尽可能减少幼儿使用电子设备。

——摘自《幼儿园保育教育质量评估指南》

（1）被低估的开放性材料

每所幼儿园的户外一定都有的毫不起眼的素材——开放性、低结构的自然材料，是幼儿游戏的宝藏。你能够观察到幼儿经常花很长的时间去摆弄那些简单的素材：花瓣、落叶、泥土、松果、木桩、纸盒、石头、沙子、贝壳等。这些开放性材料，幼儿可以用无穷尽的方式来搬运、组合、重新设计、排列、拆开、复原。因为没有固定的游戏玩法，幼儿会运用想象力自行创造游戏规则或使用方法。他们把小棍并列排成行，在沙子上用石子拼花纹，将松果排列成螺旋形，将一颗橡子假想为汤羹中的食材。在与开放性材料的互动中，幼儿变得更有创造力，思维更具灵活性。与此同时，他们不断增长的好奇心和对学习的热爱也得到了满足。

（2）提高材料投放的多样性和层次性

除了材料投放的安全性、适宜性、开放性和趣味性原则，还需要考虑混龄游戏中幼儿的能力差异、年龄差异、个体差异等。因此，同一类型的户外区域游戏设置应该是弹性的、不同层次的。材料投放既要符合幼儿的现有水平，又要促进其在原有基础上的发展，既要考虑大、中、小班幼儿之间的差异，同时还要兼顾同一年龄段不同幼儿的个体差异。每个区域既要投放成品材料，也要投放一些半成品材料和原材料，材料应具有可组合、可变化、可移动、可创造、可持续探索、可操控等特点，让材料以开放的态度接纳幼儿自主探究和多元游戏。

（3）及时更新调整材料及位置

当户外场地大，区域之间距离较远，同类材料集中摆放，有限的时间内实现材料长距离互通有困难时，可以增加区域材料的布点，增加区域的层次性，把材料摆放在幼儿能看到的地方；增加同一区域内材料的种类，让区域内材料更多元。在材料调整中，让幼儿亲自参与，只有参与调整，幼儿才能明确什么材料在什么地方，玩时拿取就方便了。材料的摆放并不是固定不变的，根据幼儿游戏中出现的问题，不断对材料进行调整，直到合理为止。

图 3-4-3　当碗碟来到泥池

图 3-4-4　材料可随意组装

化腐朽为神奇

——赋能户外环境改造案例

案例一：如竹拔节　重焕新颜
——珠海市香洲教育幼儿园户外环境重构行动

一、教育幼儿园户外环境原有条件分析

❶ 丰富多样的场地材料

作为一所历史悠久的老园，珠海市香洲教育幼儿园（以下简称"教育幼"）经过多年的调整和积累，形成了丰富多样的户外场地环境，既有开阔明朗的运动区，如操场、中庭，又有曲径通幽的小园林，如秘密花园、康乐园。

图 4-1-1　改造前的秘密花园

图 4-1-2　改造前的操场

图 4-1-3　改造前的中庭

图 4-1-4　改造前的康乐园

材料设施方面，高低结构材料合宜，既有高结构的大型设施，如攀爬架、蜘蛛网等，也有低结构材料，如泥土、沙子、树叶等。这为幼儿创造了更多的游戏和学习机会，可以让他们发挥想象力和创造力，锻炼孩子的动手能力和协作能力。

② 得天独厚的自然资源

作为一所城市园，教育幼难得地拥有 2 413 m² 绿化面积。绿化资源主要集中在秘密花园和康乐园两个园林，以及连接操场和中庭的桂花长廊，树干种类多达 60 余种，四季花儿盛开、果实累累，为幼儿亲近大自然、探索自然提供了良好的条件。

此外还有山坡、泥沙池、水池、农田等，经过多年培育和养护，这些自然资源已经形成了自循环生态系统，美不胜收。

图 4-1-5　幼儿园自然景观

图 4-1-6　幼儿游戏

③ 慧心灵性的教研力量

教育幼的教师教育理念先进，具备扎实的专业知识和教学能力，能够有效地引导和促进幼儿的发展。会玩的教师才能教出会玩的孩子，教育幼的教师自己本身就是一个大顽童。陪伴孩子游戏、陪伴孩子成长是教育幼的教师一直坚持在做的事，并在这个过程中重新发现自己的专业力量。

图 4-1-7　师幼对话

图 4-1-8　教师陪伴

图 4-1-9　教研（3）

图 4-1-10　教研（4）

二、教育幼儿园户外环境赋能行动

幼儿园组成了教研组，对原有的户外环境进行了大刀阔斧的改造，具体如下。

❶ "因地制宜"的户外环境 1.0 版本

"因地制宜"的户外环境即教师根据原有的户外环境地形、设施等条件，投放与之相关的游戏材料。

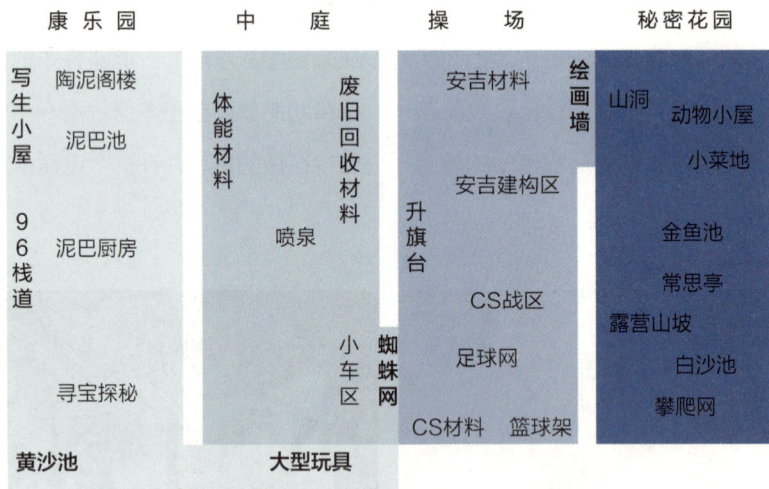

图 4-1-11　改造前教育幼户外环境分布图

"因地制宜"的户外环境能够较好地利用资源，仅需在原有的环境基础上稍作改动，能够节约改造的人力物力，但是实际上存在如下问题。

（1）时空规划不明确

最初，幼儿园户外环境划分为 9 个大区域，每个区域由 1～2 个班级教师负责。因此，游戏较为零散，重复度高。教师创设户外环境的时候往往是"因地制宜"，每个区域都小而全，幼儿玩的时候很难实现跨领域联动游戏。另外，最初在时间设计上，户外游戏时间较短，不利于游戏深入展开。

（2）游戏课程化程度较浅

教育幼的户外环境改造是借鉴了国内外幼儿园户外环境创设经验后开始的。教育幼之前的户外环境和园本课程的结合、和室内游戏的衔接是不足的，尤其是科学探究经验涉及得很少，户外课程平衡性不够。改造时特别重视游戏核心经验的梳理，让户外的每个区域不仅仅是玩，还要能够在玩中达成深入学习。

（3）改造资金匮乏

教育幼户外活动面积 2 690 m²，绿化面积 2 413 m²。但限于现实条件，第二轮户外赋能改造的可用资金仅为 3 000 元，每平方米可用的资金仅仅 1.11 元，这么有限的资金要维护环境、购置材料、储备耗材，其难处可想而知。

手工自制、家长资源、社会力量，教师们把一切可利用的资源利用得淋漓尽致，"贫穷"极大地激发了教师的想象力。

❷ "常思"课程框架下的户外环境 2.0 版本

改造幼儿园户外游戏环境，首要工作是探讨环境如何分区，有没有必要分区。教研组对此问题展开了深入的讨论，主要的观点有以下三种。

（1）按原有地形

持此观点的教师们认为，教育幼的户外游戏环境有其特殊优势，即环境具有多样性，既

图 4-1-12　改造户外环境（1）

图 4-1-13　改造户外环境（2）

图4-1-14　改造户外环境(3)

有自然的园林、池塘、山坡，也有人工的操场、回廊、大型玩具，这些丰富的地形本身就蕴含着环境分区的教育设计。只需要结合原有的环境和设施，考量现有的户外游戏，增加或改造为更具有教育意义的游戏设计即可。

（2）按情境主题

持此观点的教师们认为，游戏要有一定的情境性，才能吸引幼儿沉浸游戏、深度学习。因此，要根据一定的游戏主题，设置多个游戏乐园，每个乐园融合各大领域核心经验，帮助幼儿在户外游戏中获得综合性经验。

图 4-1-15　写生小屋

图 4-1-16　农科奇观

图 4-1-17　昆虫屋

图 4-1-18　速度与激情赛车道

（3）按课程框架

持此观点的教师认为，园本课程是一个幼儿园的最基本课程架构，是一所幼儿园对自身教育理念、教育目标的较为全面的梳理，也是户外环境区域划分和主题设计的重要参考依据。教育幼"常思"园本课程架构如图 4-1-19 所示。

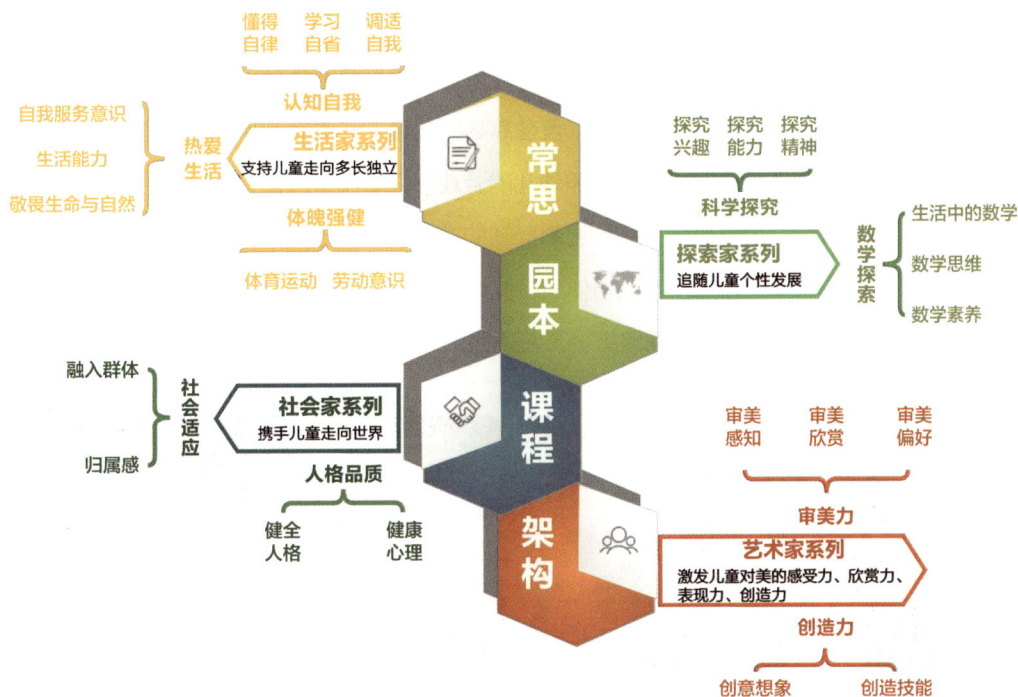

图 4-1-19 "常思"课程架构

经过教研组全体教师的研讨和论证，最终决定以园本课程方案的精神和目标为依据重构户外游戏环境。溯源、反思教育幼的"常思"园本课程中的目标设计，在户外环境中，也应渗透"生活家""探索家""社会家""艺术家"四个板块的目标。当然，并不是机械地一一对应，而是有集中的游戏板块设计，也有广泛的环境渗透。经过几轮行动与研讨，2.0版本的户外游戏环境如图 4-1-20 所示。

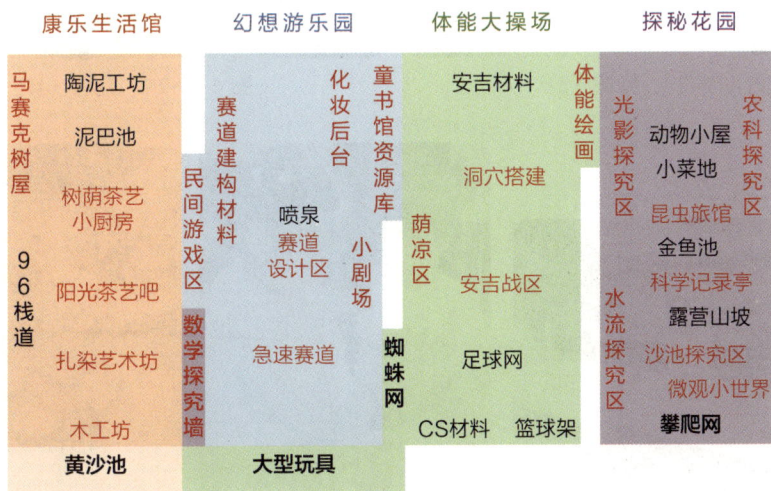

图 4-1-20 改造后户外环境分布图

① 康乐生活馆板块

康乐生活馆板块集中设计生活、劳动类户外游戏，培养热爱生活、体验美好的小小生活家。此处的小树屋原本是单一的写生屋，且在高高的阁楼上。教师利用马赛克方法，了解幼儿在树屋的真实故事，进行了再改造。按照幼儿的游戏兴趣增添了沙盘、生活类角色游戏材料。还设计了3块艺术区，大一班户外阳台温馨舒适的茶艺区、鱼池边仙气飘飘的茶桌、大树下清凉休闲茶桌，提供不一样的茶艺风格体验。扎染艺术坊则由保育组主力建设，幼儿在其中玩扎染、缝纫、水墨、棚绣等中国传统手工艺项目。

图 4-1-21　染坊（1）

图 4-1-22　染坊（2）

图 4-1-23　染坊（3）

图 4-1-24　染坊（4）

图 4-1-25　木工坊（1）

图 4-1-26　木工坊（2）

图 4-1-27　木工坊（3）

② 幻想游乐园板块

幻想游乐园板块汇集了角色游戏、建构游戏、表演游戏、阅读体验等想象类游戏，培养自由聪慧的小小社会家。其中，赛车区由幼儿自主设计、建构车道，是玩法不固定的区域，每天的赛道都不一样，取决于先来的幼儿想怎么搭。还对表演游戏进行了丰富和改造，小剧场位于童书馆门口，基本设施有三种，一是童书馆绘本资源，二是服装等道具材料，三是炭化积木建构材料。因此，在这里可开展阅读、表演、欣赏、建构等游戏。为了支持孩子进行自我欣赏、自我确认、自我肯定，在表演游戏区增加了镜子、摄像机等工具。

图 4-1-28　表演区

图 4-1-29　自主设计赛车道

③ 体能大操场板块

体能大操场是一块开阔而安全的场地，设置有跑道、大型安吉游戏材料等。因此，将此区域设计为安吉战区，将原本的安吉游戏区域和 CS 战区整合，又添加了布、报纸团、绳子等低结构材料。幼儿在此区域利用安吉材料建战壕战垒、玩洞穴搭建游戏、角色游戏、捉迷藏等。

图 4-1-30　安吉野战游戏区

图 4-1-31　野战游戏

图 4-1-32　野战游戏

④ 探秘花园板块

探秘花园板块位于一个面积相当大的园林，内有池塘、农田、山坡、隧道、灌木、沙池等，自然环境非常优越。因此，在此区域设计多种自然探索游戏，培养亲近自然、好奇万物的小小探索家。教师将秘密花园左侧的绿化带开辟出来，设置农科探究区，强化菜地和养殖区的科探功能。幼儿在其中除了浇水除草，还可以育种、堆肥、晾晒、发酵。这里还提供了记录的科探工具。在秘密花园的山洞隧道中，教师设置多种光影探究游戏，包括手影幕、万花筒、投射灯、荧光物、数字光影卡等。在光影隧道外，还设置了光影瓶、透光镜等材料，以及供幼儿记录的绘图工具。紧邻小池塘的围墙上，创设了水综合科探区，包括在生态池塘中观察金鱼、苔藓；操作活动的水流墙单元；使用水车、花洒、压水泵等与水相关的工具。此外，秘密花园的生态环境很好，有乔木、灌木、草丛、池塘，平时幼儿在这儿玩的时候时不时被蚊虫"骚扰"，也有时会因发现漂亮的瓢虫感到"惊喜"，这些昆虫到底是什么样的呢？教师设置了昆虫旅馆，利用不同的材质吸引昆虫居住，便于幼儿进行科学观察。最后，还设计了常思亭，这是一个相对安静的科学探究区域，放置了绘画板、纸笔、标本制作卡、放大镜、显微镜等科探工具，幼儿能够在这里安静地思考、讨论。

图 4-1-33　光影游戏

图 4-1-34　艺术涂鸦

图 4-1-35　泥巴厨房

图 4-1-36　生态池塘

三、户外赋能行动经验反思与总结

❶ 教研力量分组之思

关于户外赋能行动的教研力量分组，教育幼做过多种尝试。

首先是按班级分，一个班的两教一保为一支团队，负责改造一个小范围的户外游戏区域，这样做的好处是班级教师团队交流方便，配合密切。但是教研组发现，长期下来，教师的游戏指导和材料投放多是根据负责教师的本班幼儿情况，幼儿在户外自由游戏时，也更倾向于去熟悉的老师身边玩耍，无形中增加了混龄自由游戏的难度。

其次是按级组分，原有的级组教研制度较为完善，且能够发挥级组长的专业引领作用。但是级组之间，班情较为相似，导致户外游戏区域不知不觉中变成了"小班区""中班区""大班区"，区域之间的游戏难度坡度较大，不利于幼儿获得综合性游戏体验。

最后，教研组探索出了级组长专业引领兼顾教师兴趣的混龄分组方式。根据教研组的特长，首先确定三位级组长和一位骨干教师作为组长和主要负责人，分别带领一个赋能区域小组的建设。其余教师和保育员根据自己的兴趣爱好、能力特长自行选择加入一个赋能区域小组。同时，将原本周三的兴趣小组活动时间让给户外赋能教研，保证户外赋能教研专用时间。

❷ 资源利用之思

（1）"买的不如做的，做的不如捡的！"

相关研究证明，简朴、自然、低结构性的材料更能够激发儿童的学习能力和动手操作能力。教育幼教师的理念是："买的不如做的，做的不如捡的！"大自然馈赠的自然物就是良好的游戏材料。教师利用树枝和稻草，搭建简易的树屋和草屋，同时也提供自然原材料，让中大班的幼儿自己设计和建造"小窝"。"小窝"建成后幼儿可以在里面玩耍、休憩，享受阳光晒暖的草叶芬芳。号召家长和幼儿利用周末时间，去郊外远足并搜集一些自然材料带回幼儿园，如鹅卵石、松果、小贝壳、树叶，或是捕捉一只漂亮的小瓢虫。收集来的自然材料可以用于开展多种游戏，比如科学领域的花草标本制作，艺术领域的自然物拓印、瞬时艺术画，社会领域的贝壳交换小集市，等等。

（2）"废物不是终点，而是一个新的起点。"

生活中的废品在教育幼重新焕发生机，经过清洗、设计、改造，成为幼儿爱不释手的新玩具。比如废旧矿泉水瓶，教师将它剪开制作成一个个小水桶，搭配可以随意移动的网格墙面，变成了一面可以用来操作探究的水流科探墙。再放置水瓶制作的小花洒、沐浴露的按压泵、手工制作的小水车、长短不一的软管和 PVC 水管等，共同构成了玩法丰富的水流探秘区域。

园内的自然生态资源也实现了流转，几乎很难看到被直接丢弃的东西。"农科田园"区域除了有自营小菜地和饲养屋，还开展了一系列农业食品科学探究游戏。比如，"农科田园"的小小育种区，种子来自幼儿收集的果实，也有来自厨房用剩下的杂粮；发酵泡菜区使用厨房择下来的菜叶菜梗；堆肥实验区使用的是小动物生产的有机肥和部分厨余垃圾。建设"农科田园"的教师说："食堂就是我们的长期战略合作伙伴！"

（3）"高手就在你身边"

物尽其用，亦要人尽其才，教育幼的改造项目汇集了许多教师、后勤、家长以社区工作人员的智慧和汗水。

家长是环境创设的重要资源和合作伙伴。教师还敏锐地发现茶文化在许多珠海家庭里盛行，说起泡茶、饮茶，家长们个个是行家里手，说起茶礼仪、茶文化，家长们也头头是道。因此，教师邀请部分家长进园，共同设计打造了三个饮茶区。家中积余的茶具经过巧手，变成了"野区茶摊""文化茶吧""幽雅茶屋"。幼儿在茶艺区随意调配茶饮，体验学习净手、温杯、斟茶、奉茶、品茗等传统茶文化礼仪。

将教师的生活情趣、个人爱好和幼儿园户外环境创设工作结合起来，不仅能够打造出更具可玩性的游戏，还能充分激发教师的工作热情，真正把爱好变成工作。例如，保育组喜欢手工艺的老师们开办了兴趣社团，并一起创设了扎染艺术坊。在这里，师幼共同学习扎染、缝纫、水墨、棚绣等中国传统手工艺。

视频 4-1-1　教育幼儿园户外赋能

案例二：赋能户外环境改造之旅
——珠海市香洲区海前幼儿园

户外环境是室内环境的延伸，是幼儿园课程实施的物质基础，是幼儿创造性游戏、探索和学习的发源地和媒介。同时，户外环境也应该是室内环境的补充，承载着一些室内环境难以实现的独特发展价值。什么样的户外环境才能够真正支持幼儿在户外的游戏、探索和深度学习呢？

基于以上的问题和思考，珠海市香洲区海前幼儿园（以下简称海前幼）在基地项目组的引领下，参加了"赋能户外环境学习营"培训，通过一次又一次的线上线下研修，本着让幼儿园每一个场地都发挥其教育功能和价值，开启了赋能户外环境改造之旅。

一、海前幼户外环境分析

海前幼户外环境总体面积不大，但区域较完善，场地干净明亮，配备了大型玩具以及各类丰富的器械玩具，除了塑胶场地，也有一部分绿化面积。但也存在以下 5 点不足：

· 幼儿园无大型沙池水池，仅有两个小型人工沙池，忽略了沙水土游戏环境的创设。

· 缺少小团体游戏空间和私密空间的设计。

· 户外环境存在空间浪费的现象。

· 环境创设中缺乏幼儿视角和环境设计理念的指引，缺乏整体规划，区域功能单一无联动。比如安吉区放置在操场的角落，极大妨碍了幼儿的创造性玩法。

· 材料投放的年龄针对性不强，大部分以高结构材料为主，缺少低结构和自然物材料，挑战性不够，且在收纳上缺乏美感。

二、海前幼幼儿游戏现状分析

改造前，为了防止出现各班活动户外"打架"的情况，各班按照户外活动安排表进行活动。各班幼儿在规定的时间、在规定的区域活动，其好处是幼儿一周的户外区域游戏不会重复；

但不足之处也非常明显，幼儿在户外游戏中不能尽兴，可选择性小，教师的各种规定始终制约着幼儿的游戏行为。有的区域幼儿爆满，有的区域无人问津，貌似有很多操作性强的环境区域，但实际上无法或难以真正发挥作用。考虑到收纳的问题，部分班级的教师和幼儿使用器械单一，比如一个上午只在玩滑滑梯或者拍球，忽视了不同幼儿的需求。其次，大部分教师的观念未更新，认为集体教学才是课程，户外活动主要是游戏，与课程关系不大，还没有真正把户外环境当作课程实施和幼儿学习的载体，还没有把游戏当作幼儿学习的重要形式。

三、户外环境的创设与调整

海前幼重新审视和原有环境创设的不足之处，遵循户外环境创设的基本理念和原则（自然性与教育性，适宜性与开放性、安全性与挑战性、经济性与艺术性、多样性和因地制宜相结合），结合园所的园本课程设计以及目前正在实施的项目化教学路径，思考环境应该承载的意义，把课程理论带入环境创设之中，以满足全园幼儿的发展需要。项目学习的核心理念是从幼儿真实的生活中遇到的驱动性问题出发，把学习的主动权、自主权还给幼儿，通过深度学习培养幼儿发现问题、解决问题的能力和创造性思维。

改造前，海前幼的户外区域分为安吉区、涂鸦区、木屋区、滑梯区、跑道区、攀爬区、体能区、球类区、玩车区、建构区和海泥湾农场。从区域划分的名称可以看出，改造前海前幼的户外区域功能性很强，区域有着固定的玩法，区域间界限明晰无联动。改造后，海前幼将原有的户外区域整合为五大区域（自由畅玩区、体能游乐园、海前美食街、野战部落、海泥湾农场），区域之间不再是独立的单元，在每个区域我们收集投放了很多低结构、多功能的材料，这些材料没有固定功能，也没有教师设定的玩法，幼儿可根据自己的兴趣，变换着方法使用材料；且种类没有固定搭配，幼儿可以跨区域选择材料，自由组合，游戏类型不再受区域功能影响。

（1）海前美食街

改造前，这里主要是百草园、小木屋和一面涂鸦墙。幼儿在这里过家家，这里有收集的废旧锅碗瓢盆，"做饭炒菜"是他们来这里必选的游戏项目，除了玩这些也想不出有什么比这更好玩的游戏了。加上材料都是仿真蔬果等高结构材料，幼儿兴致不高，玩一玩就跑到别处去了。接到改造任务后，教师将学习到的内容以视频播放和讨论的方式与幼儿分享，幼儿们对此非常感兴趣，"原来还可以这样玩吗？""我能不能也建一个泥巴厨房？""可以建一个游泳池吗？"从幼儿新奇、兴奋的闪亮眼神和叽叽喳喳地交流中，教师发现幼儿对于改

图 4-2-1　改造后区域规划图

造自己的户外游戏环境是非常有兴趣的。随后，幼儿进行了实地考察，对每一处区域进行探讨。在整理了幼儿各式各样的问题并结合教师们的建议后，大家一致同意将小木屋这块区域改造成一条"幼儿园的美食街"。就这样，我们确立了核心驱动性问题："如何将幼儿园的木屋区域改造成美食街？"

图 4-2-2　美食街改造前的小木屋（1）

图 4-2-3　美食街改造前的小木屋（2）

图4-2-4 美食街改造前的小木屋（3）

图4-2-5 美食街改造前的百草园（4）

在班级中幼儿自我推荐、投票成立了议事小组，是专门针对"小木屋"整体区域改造设计成立的小组，他们将实地考察，承担设计美食街的重任。美食街可以由哪些部分组成呢？经过幼儿、教师共同讨论，了解幼儿的需求玩法后，确定可以将美食街划分为六个功能区域：中华传统小吃街、自由交易市场、原料产地区、农产品加工区、移动美食摊位、露天餐厅。不同的功能区域能够解决不同的问题，满足幼儿不同的需求。

接下来，幼儿提出了第二个问题：每个功能区域我们要添置哪些材料？除了现有的高结构材料，幼儿集思广益，陆陆续续收集了家里废旧的锅碗瓢盆，增添了情景类服装、道具、帐篷；低结构的泥巴，树叶、树枝、木棍、贝壳、松果等自然材料。

在材料丰富以后，幼儿的游戏兴致和游戏水平有了很大提高，可是新的问题又困扰幼儿了：材料太多了，如何进行材料的收纳呢？玩的时候很晒，怎么解决遮阳的问题呢？又或者如何在美食街使用钱币呢？幼儿一边游戏一边探索，很快在实践中找到了解决的方法。泥巴厨房深受幼儿的喜爱，可是没有水池玩完泥巴怎么洗手呢？新问题又出现了，如何做一个水池？怎么选址呢？幼儿又开启了解决问题的新旅途。改造后，这里每天都在上演着各类的情景游戏："磨磨的小毛驴""海前旅馆""海前中草药铺""烧烤摊""度假村"，寻宝游戏"淘金工人"，角色类游戏"白蛇传"等。幼儿以枯草沙石为食，落叶成料，残花为缀，烹饪出一道道"大自然的味道"。

图4-2-6 新添置的水池图

图4-2-7 小磨坊

图 4-2-8　小厨师游戏

图 4-2-9　户外烧烤游戏

（2）自由畅玩区

改造前这个区大部分地方都是闲置的草坪和厨房后门，几乎没有幼儿玩耍，也无材料投放。经过师幼多轮改造后，现在由海前剧场、小小世界和创意乐园组成，材料也增加了许多，如玩沙的材料、画笔、各种颜料、拓印工具、轮胎、木板、纸皮、砖块、遮阳布等。海前剧场上演着幼儿童话剧，在栏杆的音乐墙敲打着锅碗瓢盆版的"架子鼓"；小小世界里，幼儿在轮胎做的小沙池里制作着微景观，用一块木板制作野地跷跷板，蹲在泥土里观察着蚂蚁路径，搭建昆虫旅馆；创意乐园的幼儿将原来在百草园的小沙池进行了"南沙北调"行动，重新在一片荒芜的区域上生发了各类游戏，有悠闲地野炊，有肆意写着水毛笔、下着棋，在石头上、树干上、废纸皮、砖块上涂涂画画、创意的植物拓印，沙水的结合更好地激发幼儿的创作灵感，幼儿从体能、心灵、探索上都得到充分满足。

图 4-2-10　自由畅玩区改造前的闲置草坪（1）

图 4-2-11　自由畅玩区改造前的闲置草坪（2）

图 4-2-12 搭建动物之家

图 4-2-13 海前剧场

图 4-2-14 创意乐园涂鸦车

图 4-2-15 彩色小路

图 4-2-16 花草拓印

图 4-2-17 花草服装制作

（3）体能游乐园

改造前，这里是大大的操场，空间大却玩法单一。经过师幼改造后，幼儿把安吉箱从角落里移到了操场的边缘，新增了许多材料，如橡皮筋、瑜伽砖、帐篷、小板凳、呼啦圈、小推车、锅碗瓢盆等。单调的体能区变成了一个热闹游乐园，幼儿在这里既得到了体能训练，又收获了很多的情景游戏：爬梯子送货物、划龙舟、舞狮子、跳大箱、菜地、餐厅、快递员和探秘爬网摘果子等。

图 4-2-18　体能游乐园改造前的操场（1）

图 4-2-19　体能游乐园改造前的操场（2）

图 4-2-20　户外餐厅

图 4-2-21　摘果子游戏

图 4-2-22　快递游戏

图 4-2-23　交通指挥员

（4）野战部落

改造前，这里是奔跑滑梯区，幼儿在这里的玩法仅仅是跑步和滑滑梯。大型设施功能明确，玩法单一，久而久之，幼儿也觉得无趣。单一的功能属性除了能够锻炼幼儿的体能以外，无法满足幼儿其他的综合成长需求，没能提供给幼儿灵活思考、解决问题的机会，幼儿在这里是被动参与的角色，没有探索新玩法的空间。经过师幼多轮改造后，这里变成了野战部落，滑梯变成了堡垒，跑道变成了战区，幼儿在游戏的过程中还延伸出了卫生院和炊事班。在材料上新增了枪、对讲机、望远镜，帐篷、地垫、迷彩网、自制手榴弹等。幼儿自由分配角色，每一个孩子都沉浸其中。

图 4-2-24　野战部落改造前的滑梯区

图 4-2-25　野战部落改造前的跑道区

图 4-2-26　聚精会神的小士兵

图 4-2-27　野战游戏

图 4-2-28　救治受伤的士兵

图 4-2-29　忙碌的炊事班

图 4-2-30　射箭游戏

（5）海泥湾农场

改造前的农场由种植区、桥头走廊和草地构成。幼儿在农场仅仅局限于浇水除草、摘菜等。幼儿不仅非常关心播种、发芽、长高、开花、结果、收获这些与种植有关的问题，而且也关心挖地、浇水、捉虫这些与种植有关的活动，但是大多数情况是被动、机械地完成教师的任务。幼儿在农场的学习还不够丰富有趣，没有产生围绕各种与种植、生命等有关的探究活动。师幼改造后，保留了原有的种植区，其他区域升级为了悦食加工坊、一米阳光、创意画廊、贝贝营地和神秘基地。除开展种植、晾晒、打磨等食育活动外，我们还用幼儿的绘画、字迹等作品来装饰种植区，并且将陶艺、美术、木工等相结合，做出非常有特色、有创意的装饰。游戏中新融入了户外水果餐、野炊游戏、吹泡泡、写生、放风筝、露营、雨量收集器等集体能、艺术和科学类的游戏。

图 4-2-31　改造前的海泥湾农场（1）

图 4-2-32　改造前的海泥湾农场（2）

图 4-2-33　改造后的海泥湾农场

图 4-2-34　晾晒区

图 4-2-35　美食制作中

图 4-2-36　收获的喜悦

回过头来看，虽然改造是一个比较繁琐复杂的过程，但在过程中形成了这样的认识：首先是观念上的变革，充分确认幼儿的学习主体地位，从幼儿天性出发，理解幼儿的内在需求，从幼儿发展的现实出发，满足幼儿冒险和挑战；所有的学习都以问题开篇，所有的学习都在自然中进行，幼儿收获了游戏的快乐，也提高了发现问题解决问题的能力。其次，充分认识幼儿是在与外部环境相互作用的过程中学习。在多样化的活动中运用多种感官不断获得新经验是教育的重要指向。

我们惊喜于赋能前后的环境变化，更惊喜于幼儿在游戏中的激情、投入和探索。赋能环境借助游戏课程化的精髓，捕捉、把握空间内一切可利用的契机实施无声的教育。这样一个教育随时随地都能发生的赋能环境，让幼儿身心在自由、自主的活动中，实现幼儿的天然禀赋。给幼儿创造一个有丰富材料的、开放性的、打破区域边界的、可以自由选择、玩得很尽兴的环境，深度学习就能很自然地发生。和成人主导的集体游戏相比，这样的深度学习涉及的学习发展领域更全面。

通过赋能户外自主游戏，我们加深了对户外环境的透析，更好地实现了促进幼儿全面、健康、和谐发展的教育目标，而这一活动也像蝴蝶效应一般引发了海前幼教师对园本课程改革的理解、思考与实践。从自然环境走向自然教育，源于自然，归于幼儿，走向优质，我们的教育也真正从幼儿出发，并回归幼儿本身。观看花开花落，追逐翻飞的蝴蝶，伴随鸟鸣唱歌谣，藏起石子，落叶当作宝。愿每一个幼儿园都成为幼儿的家园、花园、乐园。

视频 4-2-1　海前幼儿园户外赋能

后　记

从事幼儿教育工作多年，我和幼教同行的姐妹兄弟们关系越来越近，常常在一起参加学习培训，也常常一同做教研、合作课题，在师资培训、教科研等方面互相借力。作为广东省珠海市林美津名园长工作室主持人，多位园长向我寻求园本课程建设的意见，但是每当我们讨论园本课程建设时，常有一拳打在棉花上——使不上劲的感觉。是啊，每个幼儿园从建立到成长凝结着无数的汗水和智慧，非亲历者怎样百般注解和识读，都很难真正重走一遍它的"栉风沐雨砥砺行"，又怎能为一所幼儿园的园本课程建设提出切中要害的建议呢？这种无力感促使我不断思考，园本课程建设可以从哪里着手？如何有效推进园本课程的生成和落地呢？

丁海东教授曾言，"户外游戏活动是幼儿园课程的新支点，只有室内、户外两个空间取长补短，才能构成完整的幼儿园课程。"我们也常把户外活动当做室内活动的延伸。但是我们真的重视户外游戏活动吗？我们的户外环境真的能够满足幼儿的游戏需要吗？从现实来看，我们的户外游戏存在一些共性问题阻碍其教育价值的充分发挥，如户外活动场地狭小、人工化程度高，缺乏自然元素；活动形式较为单一、机械重复；环境创设缺乏课程意识；等等。那么，什么样的户外环境才能真正支持幼儿的游戏、探索和学习呢？什么样的户外游戏才能成为幼儿园课程的新支点呢？基于以上思考，基地项目组决定从户外环境入手，深入探究户外游戏的环境、材料、游戏和户外游戏课程等问题，优先赋能户外环境，通过赋能户外环境赋能幼儿的游戏、赋能幼儿园的课程。

但是又该如何真正、有效地驱动12所园的户外环境赋能活动，以实现各园户外环境的持续转变和优质提升？我们不得不思考当前的教研存在着哪些问题。传统的教研共同体是从幼儿园的行政性组织和教研组演变而来的，它在促进教师专业发展的同时，不可避免地也带有一些行政管理的色彩，常常不可避免地加入了一些行政化的元素，如课题方向、资源配置、考核和评价等等。这种行政化的特点为各园的教研方向和进度确定了一个固定框架。

另外，传统的区域教研共同体中，不同的园所拥有的资源和能力存在差异，这使得共同体内可以进行资源流转。但是由于起点差异太大，一些园的参与度不高，甚至缺乏主动性，使得教研活动流于形式。最常处于边缘地位的是"生存型"幼儿园和"特色型"幼儿园，前者在教育理念、师资水平、园本文化等方面存在不足，办学水平与引领园差距过大，在区域教研中缺乏参与动力和参与度；后者虽然有鲜明的特色和新颖的视野，但与姊妹园相比，办园理念、特色文化、专业发展方向和渠道等存在差异，导致园际间的相互接纳、理解、互动和包容不够流畅。

综上，传统的区域教研组织中众人同处一个"场"，最常表现为教师汇报、园长发言、专家点评，场域内专家的"声量"大于普通教师，示范园的"声量"大于普通园，这样声量小的一方长期处于失声状态，很难表达自己的观点和建议，而声量大的一方则长期"闻过则喜"却"无过可闻"，听不到、看不到真正有利于决策的关键信息。

要改变传统的区域教研组织中教研不畅的问题，必须打造分层精准教研和协同整体教研结合的教研样态。园本课程建设至少有三类人要深入参与进来，第一类是幼儿园的教师们，他们是最核心的成员。他们不仅是园本课程建设共同体的服务对象，也是主要的策划者和参与者。第二类是幼儿园的管理层、园长等专业人员，他们扮演着组织者、协调者和支持者的角色。第三类是学前教育专家，如高校专家、区域教研员等，负责提供理论建设和引导，确保共同体的专业性和开放性。对此，我们建立园本课程建设共同体，在了解幼儿园户外环境实际情况的基础上，借助企业管理的思路和模式，由远及近、由内到外、由理论到实际、由共性到个性开展区域联动教研，在基地教研员和各基地园长的带领下，开展"三会制"（读书会、私董会、战略会），聚焦户外环境的真实问题不断研讨，最终形成环境改造方案。

分层精准教研和协同整体教研为幼儿园户外环境创设乃至整个园本课程建设的各类参与者都创造了一个学习空间。在这里，教师可以与有着相似经历和发展需求的人共同成长，建立起心理联盟"微环境"，大家彼此尊重、互相接纳、同频共振，有更多机会从不同角度审视课程、审视内心，在调动迁移自己的知识经验帮助其他成员的同时，再次发现并发展自己的思维模式和能力。这是在以往熟悉的环境中难以达到的成长。

园本课程建设共同体的 12 所成员园，像姿态万千的树，这些树木根植于不同的土壤中，历经风雨雪霜，形成了各具特色的枝叶和树形。因此，我们无法简单地照搬其他园的教育模式，也无法采取单一的教育方式。每棵树都有其独特的成长历程和生长环境，呈现出各自独特的树姿和气质。

　　如同一片森林同呼吸、共命运，园本课程建设共同体需要协作、共享和互相学习。每个成员园都积极合作，分享自己的教育资源和经验，共同提升园本课程建设的水平。但也要逐一观察每个园所的地理环境、文化背景、师资队伍和办园基础等方面信息。只有深入了解每个成员园的成长历程和特点，才能更好地制定符合本园实际情况的园本课程，为各园提供一个充分交换信息的空间，让他们在多元文化的熏陶下茁壮成长，让每棵树都在森林中充分展示自己的生机和风采。

　　无论是户外环境赋能活动还是园本课程建设，其价值旨归始终是促进幼儿的全面发展，愿我们团结成一片勃勃生机的森林，赋予儿童快乐而有意义的童年，绽放幼教人的靓丽色彩！

林美津

图书在版编目(CIP)数据

消弭边界:幼儿园户外环境赋能与教研支持/林美津,朱小艳主编. —上海:复旦大学出版社,
2024.1
ISBN 978-7-309-16485-5

Ⅰ.①消⋯　Ⅱ.①林⋯②朱⋯　Ⅲ.①游戏课-教学研究-学前教育　Ⅳ.①G613.7

中国国家版本馆 CIP 数据核字(2023)第 208784 号

消弭边界:幼儿园户外环境赋能与教研支持
林美津　朱小艳　主编
责任编辑/谢少卿
装帧设计/右序设计

复旦大学出版社有限公司出版发行
上海市国权路 579 号　邮编:200433
网址:fupnet@ fudanpress.com　http://www.fudanpress.com
门市零售:86-21-65102580　团体订购:86-21-65104505
出版部电话:86-21-65642845
上海丽佳制版印刷有限公司

开本 787 毫米×1092 毫米　1/16　印张 10.75　字数 206 千字
2024 年 1 月第 1 版
2024 年 1 月第 1 版第 1 次印刷

ISBN 978-7-309-16485-5/G·2534
定价:58.00 元

幼儿教师专业成长书系

幼儿教师专业成长书系